북한경제

홍제환

3

도서출판 해남

북한경제

초판1쇄 인쇄 2023년 2월 20일
초판1쇄 발행 2023년 2월 24일

저 자 홍제환
발행인 노현철
발행처 도서출판 해남

출판등록 1995. 5. 10 제 1-1885호
주 소 서울특별시 마포구 마포대로8길 9 영명빌딩 405호
전 화 739-4822 **팩스** 720-4823
이 메 일 haenamin30@naver.com
홈페이지 www.hpub.co.kr

ISBN 978-89-6238-803-9 93320

이 저서는 2021년 대한민국 교육부와 한국학중앙연구원(한국학진흥사업단)을 통해 K학술확산연구소사업의 지원을 받아 수행된 연구임(AKS-2021-KDA-1250002).

머리말

북한은 베일에 싸인 국가이다. 외부 관찰자에게 그 실체를 잘 드러내지 않는다. 외부에 정보를 공개하기도 하지만, 어디까지나 체제를 옹호하고 선전하는 데 초점이 맞추어져 있기에 실체와는 괴리가 있는 경우가 많다. 이 때문에 북한경제 연구는 대체로 북한 외부에서 만들어진 자료에 의존해서 이루어진다. 그런데 이러한 외부 자료마저도 충분치 않으며, 신뢰성 문제가 늘 뒤따른다.

게다가 북한은 과거에는 계획경제 시스템을 고수하였고, 오늘날에는 계획경제와 시장경제 시스템이 뒤섞여 돌아가는 사회이다. 시장경제 시스템에 익숙하며, 북한경제를 실제로 경험해 볼 수 없는 외부 관찰자 입장에서는 제대로 이해하고 해석해 내기 어려운 경제 구조를 지니고 있는 것이다.

그러다보니 북한경제를 연구하기는 쉽지 않으며, 연구자들이 다룰 수 있는 주제도 한정되어 있다.

또 연구 결과가 북한경제의 실태를 제대로 보여 준다고 확신을 갖고 이야기하기도 어렵다. 과거 사회주의권 붕괴 이후 드러난 이들 국가의 경제 실태는 외부 연구자들의 예상과 사뭇 달랐다고 하는데, 언젠가 북한경제의 전모가 드러나는 날에도 그와 유사한 상황이 벌어질지 모른다. 이 때문에 북한경제 연구를 업으로 삼고 있지만, 북한경제에 대해 이야기하는 것은 늘 조심스럽다.

이 책을 쓰면서도 지금까지의 연구 성과들을 기반으로 하여, 북한경제에 대해 가급적 조심스럽고 신중하게 접근하려 하였다. 아무쪼록 이 책이 북한경제에 대해 알아가고자 하는 독자들에게 부족하나마 길잡이 역할을 할 수 있다면, 더 이상 바랄 것이 없겠다.

2023. 1

홍제환

차례

머리말 i

차례 iii

들어가며 1

1 사회주의 계획경제 체제의 형성, 1945~1965

초기 조건: 남북한의 비교 7

사회주의적 소유로의 전환 12

중앙집권적 계획경제의 구축 16

2 '반짝 성장'과 장기 침체, 1956~1990

경제 실적 21

'반짝 성장' 요인 25

장기 침체 요인 28

변화의 모색 32

3 고난의 행군, 1990~1999

경제위기와 그 원인 39
아사(餓死) 43
아래로부터의 시장화 48

4 계획과 시장의 공존, 2000~2015

완만한 회복세 53
경제개혁 56
시장화와 사경제 활동의 확산 65
대외경제 관계의 확대 75
생활 수준 83

5 제재의 충격, 2016~2021

대북제재 91
영향 95

나가며 105

참고문헌 109
추천도서 111
추천사이트 113
찾아보기 115

들어가며

해방 이후 지난 70여 년 동안 북한경제는 많은 변화를 겪었다. 초반에는 사회주의 계획경제 체제 구축과 경제발전이라는 북한이 지향한 두 마리 토끼를 모두 잡는 듯하였다. 하지만 그 기간은 길지 않았다. 고도성장은 단기간에 그쳤고, 북한경제는 사회주의 계획경제 체제가 갖고 있는 한계를 노출하며 침체의 길로 접어들었다. 1990년대 북한이 직면하였던 심각한 경제위기는 그 연장선상에서 벌어진 일이었다.

이러한 문제를 해결하기 위해 북한은 다른 사회주의 국가들과 마찬가지로 시장경제 시스템을 일부 받아들이고, 경제의 효율성을 높이기 위한 개혁 조치를 단행하는 등 변화의 길에 들어서기도 하였다. 하지만 변화는 소극적이었고, 북한경제가 지닌 근본적 문제는 해결되지 않았다. 여기에 최근에는 대북제재 강화라는 불리한 대외 여건까지 더해져, 북한경제는 상당한 어려움에 직면해 있다.

이 책에서는 이와 같은 북한경제의 변천 과정을 개관한다. 지난 70여 년간의 북한경제 흐름을 전반적으로 살펴봄으로써, 독자들이 북한경제의 어제와 오늘에 대해 보다 명확하게 이해할 수 있도록 돕고자 한다.

그런데 지면의 제약상 모든 시기에 걸쳐 북한경제 전반을 다룰 수는 없다. 따라서 시기별로 가장 핵심이 되는 사안을 중심으로 서술한다. 경우에 따라서는 일부 장의 시기가 겹치기도 한다.

먼저 제1장에서는 해방 직후부터 1960년대 초반까지 북한에서 사회주의 계획경제 체제가 구축되는 과정에 대해 살펴본다. 이어 제2장에서는 북한경제가 1950년대 후반 잠시 빠르게 성장한 뒤, 1960년대부터 1980년대까지 장기 침체에 빠지게 되는 과정과 그 원인에 대해 살펴보고, 이를 극복하고자 북한 당국이 모색하였던 변화의 내용도 검토한다. 제3장에서는 1990년대 북한이 겪은 극심한 경제위기를 다룬다. 경제위기 발생 요인은 무엇이며, 왜 대규모의 아사자가 발생하였는지, 또 주민들이 스스로 위기를 극복해 가는 과정에서 북한경제에 어떠한 변화가 나타났는지 등에 대해 살펴본다.

경제위기 극복 과정에서 나타난 북한경제의 변화 양상은 2000년대 들어와서도 이어졌고, 더 심화되었다. 제4장에서는 2000년대 이후 북한에서 나타난 시장화 및 사경제 활동의 확산, 경제개혁, 대외경제 관계의 확대 양상을 살펴보고, 이 시기 경제 실적에 대해서도 분석한다. 마지막으로 제5장에서는 2010년대 후반 들어 한층 강화된 대북제재의 내용은 무엇이며, 그것이 북한경제에 어떠한 영향을 미치고 있는가에 대해 짚어 본다.

1

사회주의 계획경제 체제의 형성, 1945~1965

초기 조건: 남북한의 비교

사회주의적 소유로의 전환

중앙집권적 계획경제의 구축

초기 조건: 남북한의 비교

오늘날 남북한의 소득 격차는 상당히 크게 벌어져 있다. 한국은행의 추계에 따르면, 2021년 북한의 1인당 소득은 남한의 3.5%에 불과하다. 그런데 1945년 해방 당시만 해도 이렇게 남한 지역이 압도하는 형태로 남북한 지역 소득 격차가 벌어지리라고는 누구도 예상하지 못하였을 것이다. 경제적 측면에서 북한 지역이 남한 지역보다 더 나은 초기 조건을 지니고 있었기 때문이다.

일단 당시에는 북한 지역의 소득 수준이 남한 지역보다 더 높았다. 그림 1은 한국경제사 연구자들이 추정한 일제 시대 남북한 지역 1인당 실질 GDP의 추세를 나타낸 것이다. 두 지역의 소득 수준은 1920년대까지는 비슷하였다. 하지만 1930년대 이후 북한 지역의 소득 수준이 상대적으로 빠르게 상승하면서 차이가 벌어졌다. 1943년 1인당 실질 GDP(2010년 가격 기준)는 남한 지역 119만 원, 북한 지역 174만 원으로, 북한 지역이 남한 지역의 거의 1.5배에 이르고 있었다. 해방까지의 2년 사이 큰 변화가 없었다고 가정하면, 해방 시점에는 북한 지역의 소득 수준이

| 그림 1 | **일제 시대 남북한 지역 1인당 실질 GDP, 1911~1943**

(단위: 만 원, 2010년 가격)

자료: 김낙년 · 박기주 · 박이택 · 차명수 편(2018: 734).

남한 지역에 비해 높았다고 이야기할 수 있다.

1930년대 이후 북한 지역의 소득 수준은 왜 빠르게 상승하였을까. 당시 조선을 지배하던 일제가 북한, 특히 함경도 지역에 부가가치 창출 규모가 큰 대규모 중화학 공장을 여럿 건설한 결과이다. 대표적인 예로, 일본질소비료주식회사가 함경남도 흥남 지역에 설립하였던 조선질소비료주식회사(조질)를 들 수 있다. 조질은 당시 기준으로 세계 3위에 해당

조선질소비료주식회사 흥남 공장 전경
자료: 「'식민주의의 그라운드 제로' 흥남」, 『주간경향』 1235호(2017년 7월 18일자).

할 만큼 규모가 큰 비료 생산설비를 갖추고 있었다. 해방 시점에 조질을 비롯하여 북한 지역에 있던 대규모 산업시설들은 대체로 가용한 상태였다.

일제가 대규모 산업시설을 조선에 건설한 것은 군수물자를 조달하기 위해서였다. 일제는 1930년대 만주사변, 중일전쟁, 태평양 전쟁을 잇달아 일으켰고, 이로 인해 많은 군수물자가 필요해지자, 그중 일부를 조선에서 생산해 조달하려 하였던 것이다.

새로운 대규모 산업시설의 건설이 북한 지역에 집중된 것은, 발전설비와 지하자원이 상대적으로 풍부하였기 때문이다. 해방 직전인 1944년 상황을 기준으로 보면, 조선의 발전량 중 96.4%가 북한 지역에서 생산되고 있었으며, 석탄, 텅스텐, 철광석 등 중화학공업에 필요한 주요 광물도 북한 지역에 집중되어 있었다.

이처럼 남북한을 비교해 보면, 해방 시점에 북한은 소득 수준이 높았을 뿐만 아니라 대규모 산업시설도 갖추고 있었다는 점에서 남한에 비해 경제발전에 유리한 상황이었다고 할 수 있다.

한 가지 덧붙이자면, 이는 남한에 비해서 상대적으로 유리하였다는 것이지, 다른 국가들에 비해서도 북한이 경제발전에 유리한 여건을 갖고 있었다는 이야기는 아니다. 일단 식민지 조선의 경제발전 수준이 그리 높지 않았다. 게다가 해방과 함께 일본과 맺고 있던 경제적 분업 관계가 끊어졌으며, 얼마 지나지 않아 남북이 분단됨에 따라 남북한 지역 간에 존재하던 분업 관계 – 남한은 경공업과 농업, 북한은 중공업 – 도 단절되었다. 경제적 상호 의존성이 높은 주변 국가들과의 경제 관계가 단절된 것은 남북한 모두에게 상당한 경제적 부담으로 작용하였다.

이처럼 초기 조건이 상대적으로 유리하였던 북한은 경제발전에 실패한 반면, 남한은 성공할 수 있었던 이유는 무엇일까. 이러한 차이를 낳은 요인은 여럿 있겠지만, 가장 중요한 요인은 어떠한 경제 체제를 선택하였는가에 있다고 할 수 있다. 시장경제 체제를 지향한 남한과 달리, 사회주의 계획경제 체제를 지향하였던 북한은 이 체제가 갖는 근본적인 한계를 극복하지 못한 채 여전히 저개발 상태를 벗어나지 못하고 있다.

사회주의적 소유로의 전환

북한 정권은 초반부터 사회주의 계획경제 체제 구축에 나섰다. 북한은 1950년대 후반 생산수단의 사회주의적 소유로의 전환을 마무리하였으며, 1960년대에는 중앙집권적 계획경제 체제를 구축하였다. 이로써 북한은 사회주의 계획경제 체제의 기본 틀을 갖추게 된다. 이 중 먼저 사회주의적 소유로의 전환 과정에 대해 살펴보자.

1940년대 후반부터 북한은 사회주의적 소유로 전환하기 위한 과도기적 조치에 나섰다. 우선 농업 부문을 보면, 1946년 초 무상몰수 무상분배 형태로 토지개혁을 실시하였다. 토지 소유자에게 아무 보상도 하지 않고 토지를 몰수한 뒤, 토지가 없는 농민들에게 대가를 받지 않고 토지를 나누어 준 것이다. 몰수 대상은 5정보(1만 5,000평) 이상을 소유한 지주의 소유지였다. 당시에는 소작• 농민이 많았으므로, 이러한 조치는 김일성 정권이 초기에 북한 주민들의 지지를 획득하는 데 적지 않은 도움이 되었을 것이다.

소작: 남의 땅을 빌려 농사를 짓는 것.

토지개혁 이후에도 토지를 분배받은 농민들이

소유하는 것이 용인되었다. 하지만 생산수단을 사회주의적 소유로 전환하기 위한 움직임도 나타났다. 마을마다 '소겨리반'을 조직하여 농사짓는 과정에서 소를 공동으로 사용하도록 한 것이 대표적이다.

상공업 부문에서는 보다 과격한 조치가 이루어졌다. 1946년 주요 산업시설을 국유화하는 조치가 단행된 것이다. 국유화 대상은 일제 시대 일본인과 친일파가 갖고 있던 공장, 기업소*, 광산, 발전소, 은행 등이었다. 이는 당시 북한 산업시설의 90% 이상을 차지하였다. 따라서 1946년 조치로 산업시설 대부분이 국유화되었다고 할 수 있다.

기업소: 북한에서는 기업을 기업소라 부른다.

반면 조선인이 소유하였던 공장·기업소들은 국유화 대상에서 제외되었는데, 대체로 영세하였다. 이들 몰수되지 않은 공장·기업소에 대해서는 생산수단의 사적 소유가 인정되었다. 다만, 합작 및 생산수단의 공동 이용이 장려되었다는 점에서 개인 상공업에 대해서도 사회주의적 소유로의 전환이 모색되고 있었다고 할 수 있다.

이처럼 1940년대 후반에는 사회주의적 소유로의 전환이 모색되고 있었지만, 생산수단의 사적 소유

토지개혁 당시 분배받은 토지를 일구고 있는 북한 농민들
자료: 「70년 맞은 북한의 토지개혁법령 발표」, 통일뉴스(2016년 3월 5일자).

가 전면 금지된 상황은 아니었다. 북한이 사회주의적 개조를 본격적으로 추진한 것은 한국전쟁 이후의 전후복구 과정에서이다. 전쟁 중 피해를 입은 논밭이나 관개시설 등을 복구하기 위해서는 집단적인 노력이 필요하였고, 북한 정권은 이를 기회 삼아 1954년부터 농업협동화를 추진하였다.

협동농장: 토지를 비롯한 생산수단을 통합하고 공동노동에 기초하여 농업 생산을 하는 사회주의적 집단 경영 농장.

농업협동화는 주로 협동농장• 내 농민들이 토지와 역축, 농기구 등을 모두 합쳐서 공동으로 일하고, 노동량에 따라 생산물을 분배하는 형태로 성립하였

사회주의 계획경제 체제의 특징

사회주의 계획경제 체제는 크게 두 가지 측면에서 자본주의 시장경제 체제와 뚜렷이 대비된다. 첫째, 기계·설비, 토지, 건물, 운송수단과 같은 생산수단을 사적(私的)으로 소유하는 것은 금지되어 있으며, 사회주의적 소유만 허용된다. 생산수단을 개인이 소유할 수 없으며, 국가나 협동농장과 같은 단체에서만 소유할 수 있는 것이다. 개인은 오로지 TV, 냉장고, 자전거, 식량과 같은 소비 목적의 제품만 소유할 수 있다. 따라서 사회주의 계획경제 체제에서는 민간기업이 존재할 수 없으며, 생산은 국영기업, 협동농장 등을 중심으로 이루어진다.

둘째, 경제와 관련된 의사결정 권한이 국가에 집중되는데, 이를 중앙집권적 계획경제 체제라고 한다. 국가는 각각의 기업이 어떠한 제품을 얼마나 생산할 것인지부터, 생산된 제품을 어떠한 가격에 누구에게 배분할 것인지까지 모두 결정하여 기업에 하달한다. 그뿐만 아니라 국가는 기업이 할당받은 목표 생산량을 생산하는 데 필요한 모든 자재와 자금, 노동력 역시 공급해 준다. 이러한 경제 체제하에서 기업은 단지 국가의 명령을 실행하는 생산 현장에 지나지 않게 된다.

다. 추진 과정에서 일부 농민이 협동조합 가입을 거부하는 등 얼마간 진통을 겪기도 하였으나, 결국 1958년 8월 마무리되었다. 이렇게 해서 만들어진 협동농장 체제는 오늘날까지 기본 골격을 유지하고 있다.

개인 상공업 부문에서도 협동화가 추진되었다. 개인 상공업 부문은 앞서 본 것처럼, 대부분의 산업 시설이 국유화되어 한국전쟁 이전부터 규모가 작았던 데에다 전쟁 과정에서 더욱 위축되었던 탓에, 협동화 작업이 별다른 진통 없이 비교적 원활하게 진행되어, 협동화는 농업 부문과 마찬가지로 1958년 마무리되었다.

중앙집권적 계획경제의 구축

1950년대 말까지 농업 및 개인 상공업 부문을 협동화를 통해 사회주의적 소유로 전환시키는 데 주력하였던 북한 정권은 1960년대 들어와서는 중앙집권적 계획경제 체제를 구축하는 데 집중하였다. 북한은 이미 1940년대 후반부터 경제계획을 수립하고, 이를 중심으로 경제를 운영해 왔다. 하지만 아직 계획경제 시스템의 기틀이 체계적으로 갖추어진 상태는 아니었다. 북한 정권은 1960년대 들어와 '대안의 사업체계', '계획의 일원화·세부화' 등을 도입하여 이러한 문제를 보완함으로써, 사회주의적 소유로 전환한 데 이어 중앙집권적 계획경제 체제 구축 작업도 마무리하여, 사회주의 계획경제 체제의 기본 틀을 확립하게 되었다.

'대안의 사업체계'는 1961년 12월 김일성이 평안

남도 남포에 있는 대안전기공장을 현지지도하는 과정에서 밝힌 기업관리 방안을 말한다. 당시까지 북한의 공장·기업소는 지배인 '유일관리제' 형태로 운영되었다. 지배인이 기업소의 생산 활동 전반을 관리하고, 그 결과에 대해서도 책임을 지는 시스템이었다.

그런데 '대안의 사업체계'가 도입됨에 따라 지배인을 대신해 당비서가 기업소의 의사결정을 주도하게 되었다. 북한과 같은 사회주의 국가에서는 당이 권력의 핵심을 구성한다. 따라서 '대안의 사업체계' 도입으로 당비서 역할이 커졌다는 것은 기업소 운영에 대한 국가 통제가 보다 강화되었음을, 바꿔 말하면 중앙집권적 체제가 강화되었음을 의미한다.

'대안의 사업체계'에서 중앙집권적 계획경제 체제 성립과 관련해 또 하나 중요한 것은 생산에 필요한 자재나 자금을 공급하는 시스템을 체계화하였다는 점이다. 이전에는 자재를 기업소 스스로 확보해야 하였다. 하지만 '대안의 사업체계'에서는 '중앙집중적 자재공급체계'를 도입하여 정부에서 책임지고 기업소에 자재를 공급하도록 하였으며, '유일적 자금공급체계'도 도입하여 기업소 운영에 필요한 자금 역시 국가가 책임지고 공급하도록 하였다.

한편, '계획의 일원화·세부화'는 1964~1965년에 걸쳐 도입되었다. 여기서 계획의 일원화란 모든 경제 활동이 중앙계획 당국의 명령에 의해서 체계적으로 이루어지도록 시스템을 구축하는 것을 의미하며, 계획의 세부화는 경제가 부문, 기업, 지역 간에 잘 맞물려 돌아가도록 계획을 최대한 세부적으로 수립함을 뜻한다.

북한 당국이 이처럼 계획을 보다 체계적으로 시행하려 한 것은 계획경제 시스템의 완성도를 높임으로써, 그간 계획경제 운영 과정에서 확인된 문제점들을 극복할 수 있으리라는 기대 때문이었다. 하지만 뒤에서 보듯이, 이러한 시도는 그리 성공적이지 못하였다.

2

'반짝 성장'과 장기 침체, 1956~1990

경제 실적

'반짝 성장' 요인

장기 침체 요인

변화의 모색

경제 실적

북한 정권은 사회주의 계획경제 체제 구축과 함께 경제발전도 추구하였다. 그렇다면 북한의 경제 실적은 어떠하였을까. 표 1은 국내 연구진이 추정한 기간별 북한의 연평균 경제성장률과 1인당 소득증가율을 나타낸 것이다. 두 가지 통계 모두 1956년부터 1990년까지 제시되어 있다.

연평균 경제성장률부터 보면, 1950년대 후반에는 13.7%로 상당히 높은 수준이었으나, 1960년대 4.1%로 10% 포인트 가까이 하락하였으며, 이후에도 갈수록 낮아지는 추세를 보이고 있다. 1956년부터 1990년까지의 연평균 경제성장률은 4.4%로 저조한 편은 아닌데, 1950년대 후반의 고도성장에 힘입은 바가 크다. 표에는 제시하지 않았지만, 이 시기를 제외하고 1961~1990년에 대해서 연평균 경제성장률을 구해 보면, 2.9%로 크게 낮아진다.

1인당 소득증가율도 경제성장률과 유사한 흐름을 보이고 있다. 1950년대 후반에는 연평균 10%에 육박할 만큼 높았으나, 1960년대에는 1.4%로 크게 낮아졌으며, 1970년대 이후에는 1%에도 미치지 못

| 표 1 | 북한의 연평균 경제성장률과 1인당 소득증가율, 1956~1990

(단위: %)

기간	연평균 경제성장률	연평균 1인당 소득증가율
1956~1960	13.7	9.9
1961~1970	4.1	1.4
1971~1980	2.9	0.6
1981~1990	1.7	0.3
1956~1990	4.4	2.0

자료: 조태형·김민정(2020: 56)의 통계 및 위 논문의 공저자 중 한 명인 김민정 박사로부터 제공받은 자료를 사용하여 산출함. 1990년 통계는 한국은행 추계치임.

하고 있다. 1956년부터 1990년까지의 연평균 1인당 소득증가율은 2.0%인데, 역시 1950년대 후반의 높은 증가율을 제외하고 1961~1990년에 대해서 구해 보면, 0.8%로 매우 저조하다.

이렇게 북한경제의 정체가 지속되면서, 남북한의 소득 수준도 역전되었다. 그림 2는 1955년부터 1990년까지 남북한 1인당 소득 수준의 장기 추세를 나타낸 것이다. 남한의 소득 통계는 매디슨 역사통계(*Maddison Historical Statistics*) 2018년 버전에 수록된 자료이며, 북한 통계는 1955년 북한의 소득 수준이 남한과 동일하다고 가정한 뒤, 표 1에서 소개한 성장률 추정 결과를 적용하여 산출한 것이다. 참고로 1955년 남북한의 소득 수준이 동일하다고 가정한 것

| 그림 2 | **남북한 1인당 소득 수준의 장기 추세, 1955~1990**

(단위: 2011 US$(PPP))

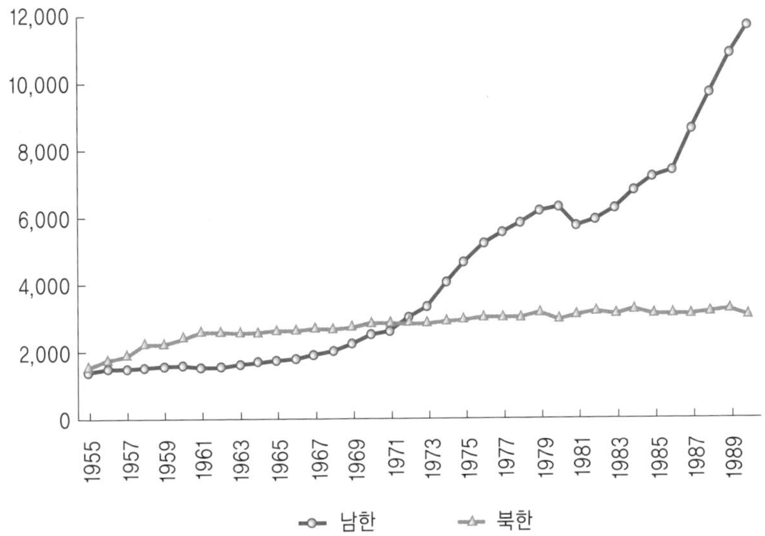

자료: 남한 통계는 Groningen Growth Development Centre 홈페이지에서 인용하였으며, 북한 통계는 본문 내용 참조.

은 앞서 본 것처럼 해방 시점에는 북한 소득 수준이 1.5배 정도 높았지만, 해방 이후 한국전쟁기까지 남한의 소득 수준은 1.5배 정도 증가한 반면, 북한의 소득 수준은 제자리걸음을 하였을 가능성이 높기 때문이다.

그림을 보면, 북한이 1950년대 후반 빠른 경제성장을 달성한 결과, 1960년대까지는 북한이 남한보다 소득 수준이 더 높았던 것으로 나타난다. 그러나 1960년대부터 북한의 소득 증가세가 크게 둔화된 반면 남한의 소득 수준은 1960년대 중반부터 빠르게 상승하여, 1970년을 전후한 시기에 남북의 소득 수준이 역전되고 있다. 이후에도 남한은 높은 수준의 경제성장을 실현한 반면, 북한은 저성장 상태를 지속하였고, 그 결과 1990년에 이르면 남북 간 소득 수준 격차는 크게 벌어져 있다.

이처럼 북한경제는 1950년대 후반 빠른 성장세를 보인 뒤, 1960년대 초반부터 1980년대까지 장기간 침체 상태를 벗어나지 못하였다. 그리고 뒤에서 살펴보듯이, 1990년대에는 수많은 사람이 굶어 죽는 상황까지 초래되는 심각한 경제위기를 겪게 된다. 1950년대 후반 북한경제가 '반짝 성장'을 할 수 있었던 이유는 무엇일까. 또 북한 정권이 지향한 사회주의 계획경제 체제를 구축하였음에도 1960년대 이후 북한경제가 장기간 침체 상태에서 헤어나지 못한 이유는 무엇일까. 이에 대해 하나씩 살펴보자.

'반짝 성장' 요인

경제가 성장하려면 노동, 자본, 토지와 같은 생산요소의 투입량이 많아지거나, 기술진보 등에 힘입어 생산성이 향상되어야 한다. 그리고 생산요소 투입량 증대에 힘입은 성장을 외연적 성장, 생산성 향상에 힘입은 성장을 내포적 성장이라고 한다. 1950년대 후반 북한경제의 '반짝 성장'은 이 가운데 외연적 성장에 해당한다고 볼 수 있다. 생산요소 투입을 빠르게 늘린 것이 경제의 가파른 성장을 가져왔던 것이다.

사회주의 계획경제 체제는 생산요소 투입을 늘리는 데 유리하다. 중앙정부가 경제 활동에 관한 의사결정을 주도하는 만큼, 정부가 나서서 노동력을 생산 현장에 더 많이 투입하고, 자본투자를 늘리는 것이 상대적으로 용이하기 때문이다. 실제로 사회주의 국가들은 대부분 초기에 외연적 성장 방식으로 높은 성장률을 기록한 바 있다. 북한이 전후복구기라는, 생산요소 투입 규모를 빠르게 늘릴 필요가 있는 특수한 상황에 놓여 있었다는 점도 외연적 성장에 유리한 환경으로 작용하였다.

그러면 1950년대 후반 북한은 생산요소 투입을 늘리기 위해 어떠한 정책을 폈을까. 우선 노동력의 경우, 여성의 경제 활동을 늘리는 것이 핵심이었다. 북한은 한국전쟁기에 많은 인명 피해로 남성 인력이 크게 부족하였던 만큼, 여성 노동력을 동원하는 데 주력하였다. 북한 국영 부문의 여성 종업원 수는 1956년 16만 9,000명에서 1960년 49만 3,000명으로 4년 사이 세 배 가까이 증가하였으며, 전체 국영 부문 종업원 중 여성이 차지하는 비중도 같은 기간 19.9%에서 32.7%로 크게 상승하였다.

노동 투입을 늘리는 데에는 북한 당국이 펼친 대중 운동도 영향을 준 것으로 보인다. 사회주의 건설 초기에는 혁명적 열기를 불어넣으려는 대중 운동이 정신적 자극을 통해 대중의 적극적인 노동 참여를 이끌어 내는 경우가 많다. 1930년대 소련에서 전개된 스타하노프 운동•이나 1950년대 후반 중국에서 벌어진 대약진 운동•이 대표적이다. 북한 역시 1950년대 후반 천리마 운동•이라는 국가적 캠페인을 전개하였는데, 이것이 노동 투입을 늘리는 데 긍정적으로 작용하였을 것으로 보인다.

한편, 자본투자를 늘리기 위해서는 소비를 억제

스타하노프 운동: 1930년대 소련에서 추진된 노동생산성 향상 운동.

대약진 운동: 1950년대 후반 마오쩌둥의 주도하에 중국에서 추진된 농공업 증산 정책.

천리마 운동: 하루 1,000리를 달리는 천리마를 탄 기세로 생산성을 높이자면서 추진되었던 북한의 사회주의 노력경쟁 운동.

천리마 운동 선전화
자료: 곽흥모, 「동무는 천리마를 탔는가」, 1959.

하고, 저축률을 높이는 정책이 추진되었다. 이들 위해 임금상승률은 낮게 유지되었으며, 저임금이 유지되도록 농산물 가격도 낮게 규제되었다. 식량 배급제도 농민들의 소비를 억제함으로써 저축률을 높이는 데 도움이 되었던 것으로 보인다. 자본투자가 늘어나는 데에는 이와 함께 소련, 중국, 동유럽 등 사회주의 국가들로부터 제공 받은 대규모의 원조와

차관도 매우 중요한 역할을 하였다.

장기 침체 요인

북한경제의 성장세는 장기간 지속되지 못하였다. 앞서 본 것처럼 1950년대 후반 높은 성장률을 기록하였던 북한경제는 1960년대 저성장 국면에 접어들게 되었다. 사실 이러한 양상은 북한에서만 나타난 것이 아니다. 많은 사회주의 국가에서 이와 유사한 경험을 하였다. 이는 북한경제가 '반짝 성장'을 한 뒤 장기 침체에 빠진 데에는 북한 내부적 요인보다는 사회주의 계획경제 체제 고유의 문제가 더 크게 작용하였을 가능성을 시사한다.

사회주의 국가들은 초기에는 노동이나 자본의 투입 증가율을 높게 유지하면서 외연적 성장을 도모할 수 있다. 하지만 생산요소 투입 증가율을 계속해서 높게 유지하기는 어렵다. 따라서 높은 수준의 성장률을 유지하려면 생산성 향상이 뒷받침되어야 하는데, 사회주의 국가들은 경제 체제가 갖고 있는 근본적인 결함으로 인해 이러한 측면에서 취약성을 지니는 경우가 많다.

사회주의 경제 체제는 우선 자원 배분의 효율성이 낮다. 시장경제 체제에서는 가격 메커니즘을 통해서 자원 배분이 효율적으로 이루어질 수 있다. 쉽게 말해, 가격 메커니즘을 통해서 자원이 각 부문에 적정량만큼씩 배분될 수 있다. 반면 국가의 정책적 판단에 의해서 자원이 배분되는 사회주의 경제 체제에서는 자원 배분이 효율적으로 이루어지기 어렵다. 국가가 경제에 관한 모든 정보를 정확히 파악하고 계획을 수립, 집행해야 하는데 현실적으로 불가능하기 때문이다.

또한 사회주의 경제 체제는 기업이 생산성을 높이도록 하는 데 필요한 경제적 유인을 충분히 제공하지 못한다. 기업은 국가에서 제공한 생산요소를 사용하여, 국가가 부여한 생산 목표를 달성하기만 하면 된다. 시장경제 체제에서와 같이 비용을 줄이고, 이윤을 내기 위해 노력할 필요도 없다. 기업에 이윤이 발생하면 국가가 회수해 가고, 적자가 발생하면 역시 국가가 메워 주기 때문이다.

이러한 상황에서 기업은 생산 목표는 최대한 낮추고, 생산에 필요한 자재나 설비, 노동력은 최대한 많이 받으려 할 것이다. 그래야 생산 목표를 보다 수

월하게 달성할 수 있기 때문이다. 국가도 기업들의 이러한 행태를 알고 있다. 하지만 기업 내부 상황에 대한 정보가 제한된 탓에 대응하는 데 한계가 있다. 그 결과 생산요소는 기업에 필요 이상으로 공급되는 반면, 생산은 적게 이루어져, 결과적으로 생산의 효율성이 떨어지고 자원 낭비가 발생하게 된다.

한편, 노동자들도 경제적 유인을 적절히 제공받지 못하기 때문에 생산성을 높이기 위해 열심히 일할 동기를 부여받기 어렵다. 초기에는 대중 운동을 통해 정신적 자극을 주는 것이 효과를 나타낼 수 있다. 하지만 장기간 그러한 상태가 지속되기는 힘들다. 많은 사회주의 국가에서 초기의 혁명적 열기가 누그러들면 사회적으로 규범과 규율이 약화되면서 경제 상황이 나빠지는 양상이 공통적으로 나타났다.

사회주의 경제 체제가 갖고 있는 이와 같은 문제들은 북한경제가 장기 침체 국면에 접어드는 근본적인 요인으로 작용하였다. 여기에 더해 남북 분단이라는 특수한 상황으로 인한 높은 수준의 군사비 부담, 무리한 자립경제 노선 추진과 같은 북한의 특수한 요인도 경제 상황을 악화시키는 데 일조한 것으로 보인다.

남북 분단은 남북한 모두에게 상당한 경제적 부담을 안겨 주었다. 많은 노동력이 장기간 군에 복무함에 따라 생산적인 분야에 대한 노동력 투입이 줄어들었으며, 무기 생산에 많은 자원이 소비되어 생산적인 분야에 대한 투자도 줄어들 수밖에 없었다. 그런데 북한의 경우, 그 부담이 더욱 컸을 것이다. 인구가 남한의 절반 정도밖에 되지 않았으므로, 남한과 대등한 군사력을 유지하기 위해서는 상대적으로 더 많은 비용을 치러야 하였기 때문이다.

한편, 북한은 석탄 중심의 자립경제를 지향하였다. 수입에 전적으로 의존해야 하는 석유 대신 북한에 풍부하게 매장된 석탄을 활용하는 방향으로 산업 생산 구조를 구축하려 한 것이다. 예를 들어, 화학산업에서는 석유화학 대신 석탄화학* 중심의 발전이 모색되었고, 전력 부문에서도 석유 대신 석탄과 수력에 의존하는 방향으로 산업을 발전시키려 하였다. 그런데 당시 세계는 석유 중심으로 산업 기술을 발전시켜 나가고 있었고, 따라서 석탄을 이용한 생산의 효율성은 상대적으로 낮아지고 있었다. 그럼에도 북한은 석탄 중심의 산업 정책을 고수하

석탄화학: 석탄을 원료로 하여 화학 제품을 생산하는 공업.

였고, 이는 결국 북한경제의 효율성을 떨어뜨린 것이다.

변화의 모색

앞서 본 것처럼, 북한경제가 장기 침체에 빠진 근본적인 원인은 사회주의 경제 체제가 갖고 있는 결함에서 찾을 수 있다. 소련과 동구권의 사회주의 국가들은 1950년대 중반부터 이러한 문제를 인식하고 변화를 꾀하였다. 이후 전개된 소련, 중국, 베트남 등의 개혁 내용을 보면 핵심은 두 가지였다. 하나는 중앙집권적 계획경제의 비중을 줄이고, 기업의 자율성과 시장의 역할을 강화하는 것이었으며, 다른 하나는 국영기업을 사유화하고 사기업의 출현을 허용하는, 바꿔 말하면 생산수단의 사적 소유를 허용하는 것이었다.

반면 북한은 침체 속에서도 변화에 소극적이었다. 오히려 1960년대 초반에도 계획의 일원화·세부화를 추진하는 등 계획경제 시스템의 완성도를 높임으로써 어려움을 극복하려 하였다. 그러나 경제 상황은 좀처럼 개선되지 않았고, 북한은 1970년대 이후, 특히 1980년대 들어와 경제관리체계의 변화를 모색하게 되었다. 변화의 핵심은 분권화와 자율화였다.

분권화 조치의 예로는 1980년 '새로운 공업관리체계'를 도입한 것이나, 1970년대에 시범적으로 실시되던 연합기업소 체제를 1985년 전면 도입한 것을 들 수 있다. '새로운 공업관리체계'는 중앙의 기구를 축소하고, 정무원(현 내각) 산하에 있던 공장, 기업소를 도경제위원회 산하로 이관하여 도경제위원회에서 관리하도록 한 것으로, 핵심은 기업 관리 권한을 중앙에서 지방으로, 상부에서 하부로 분산시키는 데 있었다.

연합기업소는 여러 기업을 수직 혹은 수평적으로 통합하여 하나의 경영 단위로 만든 것이다. 예를 들어, OO제철 연합기업소의 경우, OO제철소를 모체기업으로 하여 여기에 원료를 공급하는 기업소를 결합한 것이다. 이렇게 연관된 여러 기업소를 하나의 단위로 묶은 것은 관리의 대상과 단계를 줄임으로써, 중앙계획 당국이 기업소를 보다 수월하게 관리할 수 있도록 하기 위해서였다. 연합기업소체계 도입으로 중앙은 연합기업소를 관리하고, 연합기업소 내 개별 기업소는 연합기업소가 관리하는 형태로 분권화가 이루어졌다.

기업소의 자율성 확대와 관련된 조치로는 독립채산제 강화, 8.3 인민소비품 생산 허용 등이 있다. 독립채산제는 기업소가 이윤의 일부를 기업소 내에 유보하는 것을 허용하고, 손실이 발생할 경우에는 이를 부분적으로 책임지게 하는 제도이다. 독립채산제는 해방 직후 이미 도입되기는 하였지만, 명목상 존재해 왔다. 독립채산제를 강화한 것은 재무적 측면에서 기업소의 책임을 강화한 것으로 볼 수 있으며, 이윤 유보가 가능하도록 하였다는 점에서 기업소에 대한 인센티브 제공이라는 측면에서도 중요한 변화라고 할 수 있다.

8.3 인민소비품은 사용하지 않는 원료나 자재, 폐기물, 부산물 등을 이용해서 만든 생활필수품을 가리킨다. 김정일이 1984년 8월 3일 평양 경공업 제품 전시장을 둘러보면서 폐자재, 부산물을 이용해서 생필품을 생산하는 운동을 벌이라고 지시한 데에서 그 명칭이 유래하였다. 생필품 공급이 충분히 이루어지지 못하자 이러한 조치가 취해진 것인데, 주목되는 부분은 8.3 인민소비품은 생산 품목이나

생산량, 처분 방식 등을 기업소가 결정할 수 있었다는 점이다. 바꿔 말하면, 기업소에서 계획체계에 포함되지 않은 품목을 자율적으로 생산해 시장에서 판매할 수 있는 경로가 처음으로 공식 허용된 것이다.

한편, 분권화·자율화와 직접 관련된 것은 아니나, 1984년 합영법이 제정된 것도 주목할 만한 변화였다. 합영법의 핵심은 외국인의 직접투자나 합작투자를 허용한다는 것이었다. 1970년대 대규모 차관을 들여왔으나 갚지 못해 더 이상 차관 도입이 어려워지자 대안으로 추진하였던 것으로 보이는데, 이유야 어떻든, 북한이 자력갱생[•]을 강조해 왔음을 고려하면 합영법 제정은 획기적인 사건이었다.

자력갱생: 자신의 힘만으로 경제를 발전시키고 운영해 간다는 정책 기조.

하지만 투자 유치 성과는 크지 않았다. 프랑스, 오스트리아, 스웨덴, 일본 등에서 투자에 관심을 보였지만, 실제 투자로 이어지지는 않았고, 조총련계[•] 동포의 투자가 일부 이루어졌을 뿐이었다. 도로나 항만과 같은 인프라가 제대로 마련되어 있지 않은 데다 투자 수익을 본국으로 가져가는 것이 충분히 보장되지 않았던 것이 투자 유치에 실패한 주요 원인이었다.

조총련계: 재일교포 중 북한을 지지하는 성향을 지닌 사람들의 집단.

이처럼 1980년대 북한 경제관리체계에서 주목할 만한 변화들이 모색되었다. 하지만 그러한 움직임은 그리 오래 지속되지 못하였다. 1986년경부터 급속하게 냉각되었다. 이 시기 소련과 중국에서 이루어진 경제개혁이 정치개혁과 민주화에 대한 요구로까지 이어지는 양상이 나타나자, 체제 유지를 최우선 과제로 삼는 북한 정권이 개혁 조치에 제동을 걸었던 것이다. 정치적 요인으로 인해 경제 체제가 안고 있는 문제를 개선하는 데 실패한 북한은 결국 1990년대 들어와 심각한 경제위기에 직면하게 되었다.

3

고난의 행군, 1990~1999

경제위기와 그 원인

아사(餓死)

아래로부터의 시장화

경제위기와 그 원인

1980년대에도 북한경제는 많은 문제점을 안고 있었고, 부진한 상황이 장기간 이어지고 있었다. 하지만 경제 시스템은 그럭저럭 작동되어 국가가 주민들의 최소한의 생활 수준은 보장해 주고 있었던 것으로 보인다.

그런데 1990년대 들어와 상황은 크게 달라졌다. 계획경제 시스템이 더 이상 정상적으로 작동할 수 없는 상태가 되었다. 기업소에 생산 활동에 필요한 물자와 자금을 국가가 공급해 주는 '중앙집중적 자재공급체계'와 '유일적 자금공급체계'는 제대로 작동되지 않았으며, 식료품, 생필품 배급제 또한 붕괴되어 주민들이 최소한의 생활도 보장받지 못하는 상황에 직면하였던 것이다. 그 결과 1990년대 중반 이후 '고난의 행군'이라 불리는 극심한 경제위기가 도래하였으며, 수많은 주민들이 굶어 죽는 상황이 빚어졌다.

그림 3은 한국은행이 추정한 1990년부터 2000년까지 북한의 경제성장률 추세를 나타낸 것으로, 1990년부터 1998년까지 무려 9년 동안 연속해서 마

| 그림 3 | **북한의 경제성장률, 1990~2000**

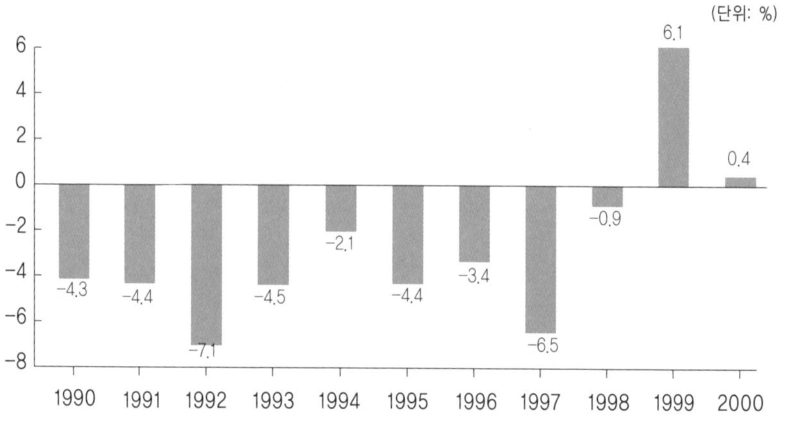

자료: 국가통계포털.

이너스 성장을 한 것으로 나타나고 있다. 이 기간 동안의 연평균 경제성장률은 -4.2%이다. 그 결과 1998년 북한의 경제 규모는 1990년의 71% 수준으로 줄어들었으며, 1인당 소득은 64% 수준으로까지 낮아졌다. 1990년대 북한경제는 그야말로 심각한 위기에 직면해 있었던 것이다.

앞서 본 것처럼, 1980년대까지만 해도 비록 성장률이 낮기는 하였지만, 북한경제는 완만한 성장세를 보이고 있었다. 그런데 1990년대 들어와 9년 연속 마이너스 성장을 기록할 만큼 심각한 어려움에 처하게 되었다. 북한경제가 1990년대 이처럼 급격히 무너진 원인은 무엇일까.

일단 북한의 사회주의 계획경제 시스템이 갖고 있는 한계를 이야기하지 않을 수 없다. 그로 인한 문제가 개선되지 않고, 장기간 계속해서 누적되어 온 것이 경제에 상당한 부담을 주고 있었을 것으로 보인다. 이에 대해서는 앞서 1960년대 이후 장기 침체 원인을 살펴보면서 언급하였던 만큼, 반복해서 설명하지는 않기로 한다.

두 번째로 외부적 충격이 컸다는 점을 들 수 있다. 과거 북한은 자립경제를 추구하였지만, 무역이나 원조가 전혀 없었던 것은 아니다. 기계설비나 연료와 같이 스스로 조달하기 어려워 필수적으로 외부로부터 들여와야 하는 품목들이 있었기 때문에 북한은 사회주의권 국가들과 경제 관계를 맺어 왔다.

북한은 원조뿐만 아니라 무역 거래 과정에서도 사회주의 국가들로부터 도움을 받았다. 사회주의 국가 간 무역은 협정무역• 방식으로 이루어졌는데, 북한은 거래 시 상대적으로 유리하게 가격을 책정받는 등의 형태로 혜택을 받았던 것이다.

그런데 1990년을 전후해 사회주의권이 붕괴되었

협정무역: 교역 조건이나 물량 등을 정부 간 협상을 통해 결정하는 무역 방식.

다. 1980년대 후반 구소련을 비롯한 사회주의 국가들의 계획경제 시스템은 한계에 봉착하였고, 많은 국가들이 이를 극복하기 위해 체제전환에 나섰던 것이다. 이렇게 사회주의권이 몰락하자 북한의 무역은 위축되었으며, 더 이상 이들 국가의 경제적 지원을 받을 수 없게 되었다. 그리고 이는 북한경제를 어려움에 빠뜨리는 요인으로 작용하였다.

김일성 사망 이후 정치적 기강이 무너진 것도 경제위기의 원인으로 볼 수 있다. 사회주의 계획경제는 정치적 독재의 뒷받침을 필요로 한다. 북한의 계획경제 시스템도 김일성에 대한 북한 주민들의 신뢰와 공포에 의존해 유지되어 왔다고 할 수 있다. 그런데 1994년 여름 김일성이 갑자기 사망하였다. 이렇게 되자, 김정일이 오랫동안 후계자로서 권력 승계를 준비해 왔음에도, 북한의 계획경제 시스템이 잘 작동하지 않는 양상이 나타났다.

식량 배급제도가 무너진 것이 이를 잘 보여 준다. 북한 체제가 안정되어 있었다면, 식량이 부족할수록 배급제는 더욱 철저히 시행되어야 했을 것이다. 하지만 현실은 그렇지 않았다. 식량 생산이 부족해지자 협동농장에서는 국가에 상납해야 할 식량을 숨겼으며, 식량 수매 및 수송 시스템도 제대로 작동하지 않았다. 관료들도 국가 전체를 고려하기보다는 각자 자기 지역, 자기 몫 챙기기에 바빴다. 이러한 변화는 김일성 사후 북한의 정치적 기강이 해이해진 데 따른 것으로 볼 수 있다.

정리하면, 사회주의 계획경제 시스템이 갖고 있는 문제가 장기간 누적되어 온 상황에서, 사회주의권 붕괴에 따른 무역 및 지원의 감소와 김일성 사망에 따른 정치적 기강의 붕괴라는 대내외 충격이 발생한 결과, 1990년대 북한경제는 심각한 위기에 직면하였던 것이다.

아사(餓死)

1990년대 북한의 위기는 경제에 전방위적으로 충격을 주었다. 하지만 그중에서도 충격이 가장 심각하게 표출된 것은 식량 부문이었다. 수많은 주민이 굶어 죽을 만큼 식량위기의 충격은 컸다.

북한 식량 사정이 나빠지기 시작한 것은 대략 1980년대 중반 이후부터로 보인다. 1987년 북한 당국은 애국미• 납부를 명목으로 식량 배급을 10% 삭

애국미: 나라를 사랑하는 마음에 스스로 국가에 헌납하는 쌀.

텃밭: 집터에 딸린 밭 또는 제각기 가꾸어 먹도록 농장에서 나눠준 작은 밭.

감하였으며, 노동자들이 소규모 텃밭[•]을 경작하는 것을 허용하였다. 그 전에는 농민에게만 텃밭 경작이 허용되어 왔다. 식량이 부족해지자 북한 당국은 배급량을 줄이는 대신, 주민들이 스스로 식량을 확보할 수 있는 경로를 열어 주기 시작한 것이다.

1990년대 들어와 북한의 식량 사정은 더욱 악화되었다. 1991년부터 '하루 두 끼 먹기' 운동이 시작되었으며, 1992년에는 식량 배급량이 10% 더 줄어들었다. 1994년에는 일부 지방에서 식량 배급이 일시 중단되는 사태까지 빚어졌으며, 국경에 가까운 지역 주민 중 일부가 식량을 찾아 중국으로 탈출하는 상황이 벌어지기도 하였다.

식량위기의 절정은 1995~1997년이었다. 북한 당국은 1995년 식량난을 공식 인정하고, 국제사회에 식량 지원을 요청하였다. 1996년과 1997년에도 북한 전역에서 심각한 식량난이 발생하였으며, 식량 배급이 중단되었고 주민들은 식량을 찾아 대규모로 이동하였다. 또 국제기구 등을 통해 북한에서 대규모의 아사자가 발생하고 있다는 주장이 제기되기도 하였다.

1998년부터 식량 배급이 일부 재개되기 시작하

는 등 북한의 식량 사정은 조금씩 회복되어 갔다. 그러나 그 이후에도 북한의 식량 문제가 완전히 해소되지는 않아, 북한은 오늘날까지도 식량을 안정적으로 확보하는 데 어려움을 겪고 있다.

1990년대 북한이 이처럼 심각한 식량난을 겪은 이유는 무엇일까. 배급 시스템 붕괴 원인에 대해서는 앞서 언급한 만큼, 여기서는 식량 생산 감소 원인을 살펴본다. 첫째, 장기간 지속해서 농업 생산 조건이 악화되어 왔다. 자립경제를 지향해 온 북한은 식량 자급을 위해 산림을 농경지로 전환하는 정책을 추진해 왔다. 게다가 목재 남벌이 광범하게 이루어졌다. 난방과 취사에 사용할 연료가 부족하였기 때문이다. 그 결과 산림이 심각하게 훼손되어 자연재해에 취약해졌다. 이러한 상황에서 1995년과 1996년 대홍수, 그 이듬해 심각한 가뭄 등 자연재해가 잇따라 발생하였고, 이는 식량 사정을 악화시키는 결과로 이어졌다.

둘째, 1990년대 들어와 농업 투입물의 공급이 빠르게 감소한 것도 식량 감소를 가져온 요인으로 볼 수 있다. 특히 농업 투입물 중 가장 중요한 화학비료의 생산량이 급격하게 감소하였다. 사회주의권의 붕괴로 인해 원유 및 석유 제품의 수입이 감소함에 따라 비료 생산 공정이 정상적으로 가동되지 못한 것이 주요 원인으로 판단된다.

그러나 북한의 식량위기를 가져온 가장 큰 요인은 집단농장 체제에 있다고 하겠다. 집단농장 체제에서는 농민 개개인이 생산 활동에 적극적으로 참여할 수 있도록 적절한 인센티브를 제공하기가 쉽지 않다. 농장원 개개인의 성과에 대한 평가가 곤란하기 때문이다. 이러한 상황에서 농장원들은 열심히 일하기보다는 무임승차하려는 경향을 보이기 쉽다. 농장 전체 생산과 관련해서는 인센티브가 주어지고 있었지만 큰 의미는 없었다. 농장에 부여된 목표를 초과한 생산량에 대해 인센티브가 부여되기는 하였지만, 목표 생산량이 너무 높아 초과생산 자체가 어려웠던 데다, 초과생산량도 국가에서 매우 낮은 국정가격•으로 수매하였기 때문이다.

국정가격: 국가에 의해 유일적으로 제정되고 적용되는 가격.

북한 당국도 식량난을 겪으면서 이러한 문제를 의식, 1996년 '새로운 분조관리제'를 도입하였다. 우선 기본 생산 단위인 분조의 규모를 10~25명에서 가족, 친척으로 구성된 5~10명으로 줄였는데, 이는 무임승차 문제를 완화하기 위해서였다. 또 농장에 부

1990년대 식량위기의 충격

1990년대 식량위기 당시 북한에서 발생한 아사자 규모는 어느 정도일까. 초기에는 300만 명이 아사하였다는 주장이 제기된 바 있다. 당시 식량 지원 활동을 하던 NGO 단체들이나 북한 연구자인 에버슈타트(Eberstadt) 등이 이러한 주장을 제기하였다. 하지만 이들의 추정 방식에는 문제가 있었던 것으로 밝혀졌으며, 최근에는 수백만 명이 아사하였다는 주장은 더 이상 제기되지 않고 있다.

2010년대 이후에는 아사자 규모를 추정할 수 있는 여건이 보다 개선되었다. 북한에서 2008년 인구센서스가 실시되어, 대규모 아사자가 발생하기 직전인 1993년 실시된 인구센서스 결과와 2008년 인구센서스 결과를 비교해 보는 방식으로 아사자 규모를 추정할 수 있게 되었기 때문이다. 즉, 1993년 센서스 결과와 식량위기가 없었을 경우의 출생 및 사망자 수 추정치를 가지고 2008년 인구를 추계한 뒤, 이를 2008년 인구센서스 결과와 비교해 보는 방식으로 인구손실 규모를 추산할 수 있게 된 것이다.

이러한 방식으로 여러 연구가 수행되었는데, 식량위기 이후 초과 사망자 수가 적게는 20여만 명에서 많게는 113만 명에 이르는 것으로 추정되고 있다. 여기서 초과 사망자 수란 정상적인 사망률일 때에 비해 기근으로 인해 늘어난 사망자 수를 의미한다. 이와 관련해 주의할 부분은 초과 사망자가 모두 아사자는 아니라는 점이다. 극심한 기근이 발생하면 아사자도 발생하지만, 제대로 영양을 섭취하지 못해 건강 상태가 나빠지고 면역력이 저하되어 질병에 보다 쉽게 노출된 결과 사망에 이르는 인원도 많을 수 있기 때문이다. 식량위기와 관련해 추정된 초과 사망자에는 이러한 인원도 포함되어 있다고 보아야 한다.

기근의 충격과 관련해 또 하나 생각할 부분은 사망자 외에도 신체적, 인지적 측면에서 피해를 입은 주민이 많았을 것이라는 점이다. 특히 신체와 두뇌 등의 발달이 가장 왕성하게 이루어지는 성장기 어린이들이 이러한 피해를 가장 많이 입었을 가능성이 높다. 성장기에 성장이 제대로 이루어지지 않으면, 이후에는 이를 충분히 만회하기 어려우며, 그 영향은 생애에 걸쳐 나타날 수 있다는 점에서 1990년대 기근의 여파는 현재도 나타나고 있다고 할 수 있다.

여하는 생산 목표량을 낮추고, 초과생산분을 국정가격으로 수매하는 대신 현물로 지급하도록 하였다. 현물로 지급받을 경우, 농민들은 국정가격보다 훨씬 높은 시장가격으로 판매할 수 있으므로, 이는 농장원들이 보다 열심히 생산 활동에 참여하도록 하는 데 도움이 될 수 있었다. 하지만 당시 '새로운 분조관리제'가 협동농장에 충분히 도입되지는 않았던 것으로 보인다.

아래로부터의 시장화

1990년대 북한의 경제위기는 북한 주민들의 삶에 심각한 영향을 미쳤다(앞의 〈1990년대 식량위기의 충격〉 참조). 많은 이들이 극심한 경제적 어려움을 겪었을 뿐만 아니라, 굶주림과 질병에 노출되기도 하였으며, 그중 일부는 사망하였다. 또 많은 어린이가 한참 성장해야 할 시기에 충분히 성장하지 못하였으며, 그 영향은 이들의 생애에 걸쳐 나타날 것이다.

그런데 이 과정에서 북한 주민들이 무력하게 속수무책으로 있었던 것은 아니다. 국가가 더 이상 최소한의 생활을 보장해 주지 못하게 된 상황에서 주민들은 스스로 살 길을 찾아 나섰다. 그 결과 북한경제에 상당한 변화가 나타났다. 아래로부터의 시장화 움직임이 나타난 것이다.

시장화(marketization)는 크게 두 가지 차원에서 정의할 수 있다. 하나는 소비재 시장, 생산재 시장, 노동 시장, 금융 시장 등 다양한 형태의 시장이 형성되고, 양적으로 팽창하는 것이다. 다른 하나는 시장 메커니즘이 도입 및 확산되는 것이다. 1990년대 경제위기를 겪는 과정에서 북한은 시장화의 두 가지 차원 모두에서 변화를 경험하였다.

그 이전에도 북한에 시장이 존재하였다. 1950년대 말부터 공식적으로 허용된 '농민시장'이 열흘에 한 번씩 열려, 농민들은 텃밭에서 생산한 농작물을 시장가격으로 판매할 수 있었다. 하지만 거래 품목에 대한 제약이 많아 쌀, 옥수수와 같은 식량은 거래할 수 없었으며, 공산품 거래 역시 금지되어 있었다.

1990년대 경제위기를 겪는 과정에서 농민시장은 크게 달라졌다. 생계가 막막해진 주민들이 시장에 나와 집에 있는 물건을 내다 팔기도 하고, 집에서 만든 먹거리를 팔기도 하고, 심지어 직장에서 훔친 물건을 팔기도 한 것이다. 이처럼 시장에서 다양한 상품이 거래되기 시작하였을 뿐만 아니라, 열흘마다 열리던 시장이 매일 열린다든지, 농민시장뿐만 아니라 주민 왕래가 많은 도로나 주택가와 같은 곳에서도 거래가 이루어진다든지 하는 변화가 나타났다.

이처럼 북한의 시장화는 주민들이 경제위기에 대응해 먹고 살 수 있는 방안을 찾는 과정에서 아래로부터 시작되었다. 북한 당국도 이러한 상황을 대체로 묵인할 수밖에 없었다. 계획경제 시스템 자체가 작동하지 않아 주민들의 생활을 보장해 줄 수 없는 상황에서 주민들의 자구책마저 제한할 수는 없었기 때문이다. 이렇게 해서 시작된 북한의 시장화는 부침을 겪기도 하였지만 오늘날까지 이어져 왔다. 그 결과 이제 북한경제는 시장을 빼고는 설명하기 힘든 단계에 이르렀다고 할 수 있다.

4

계획과 시장의 공존, 2000~2015

완만한 회복세

경제개혁

시장화와 사경제 활동의 확산

대외경제 관계의 확대

생활 수준

완만한 회복세

1990년대 곤두박질쳤던 북한경제는 2000년대 이후 서서히 회복되는 양상을 보였다. 그림 4는 한국은행이 추계한 1990년부터 2015년까지 북한의 실질 GDP와 1인당 실질 GDP의 추세를, 1990년 값을 각각 100으로 놓고 지수화하여 나타낸 것이다. 실질 GDP는 계속 하락하다가 1998년 71.1을 저점으로 반등하고 있지만, 2015년 현재 87.9로 1990년 수준을 회복하지는 못하고 있다. 1인당 실질 GDP는 1998년 64.0을 저점으로 회복세를 보이다가 2000년대 중반 이후에는 정체하는 양상을 보여, 2015년 현재 70.9에 그치고 있다. 2000년부터 2015년까지 놓고 보면, 북한의 연평균 경제성장률은 1.0%이며, 1인당 실질 GDP 증가율은 0.3%에 불과하다.

한국은행의 추계치를 놓고 보면, 2000년 이후 북한경제의 회복 수준은 썩 만족스럽지 않다고 평가할 수 있다. 매우 완만한 성장세를 보였으며 2015년에도 1990년대 경제위기 발생 이전 수준을 충분히 회복하지 못하고 있기 때문이다.

그런데 한국은행의 2000년대 이후 북한 경제성

| 그림 4 | **북한의 GDP 및 1인당 GDP 추세, 1990~2015**

(1990년=100)

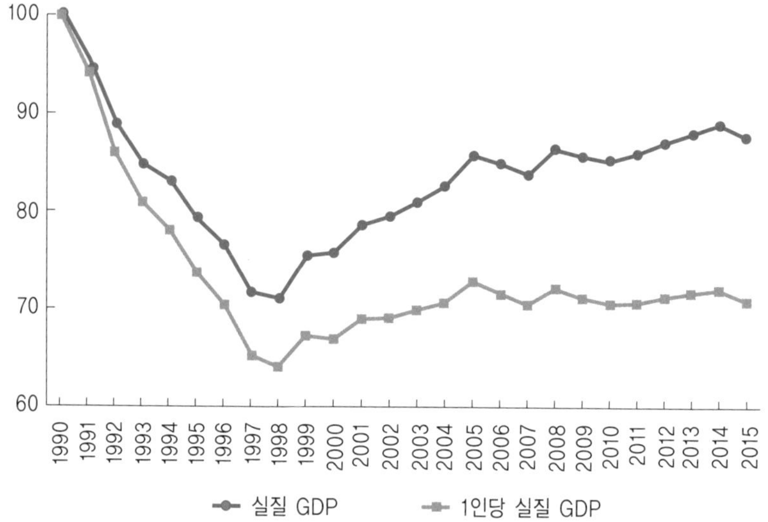

자료: 실질 GDP는 국가통계포털(http://kosis.kr), 인구는 UN World Population Prospect 홈페이지(http://population.un.org)에서 인용함.

장률 추계치에 대해서는 여러 연구를 통해 과소평가 가능성이 제기되어 왔다. 이유는 크게 두 가지이다. 우선 한국은행은 국영기업, 협동농장 등 국영경제• 부문에 관한 자료를 이용해 북한의 성장률을 추정하므로, 비공식 경제• 부문의 변화는 충분히 반영하지 못하는데, 북한의 시장화 양상을 놓고 보면, 비공식 부문이 공식 부문보다 더 빠르게 성장하였을

국영경제: 북한의 사회주의 계획경제 시스템에 의해서 통제 및 관리되는 경제 영역을 지칭.

비공식 경제: 북한의 사경제와 시장 및 자급자족의 특성을 갖는 경제 영역을 지칭.

가능성이 있다. 즉, 비공식 부문까지 포함하면 성장률은 더 높을 가능성이 있다.

또한 북한의 국영경제 관련 통계가 변화의 정도를 과소평가하고 있을 가능성이 있다. 예를 들어, 2010년대 초반 북한의 무연탄 수출량은 크게 증가하였는데, 무연탄 생산량은 매우 완만하게 증가한 것으로 추정되고 있다. 이러한 추계가 맞다면 북한 내 석탄 소비량은 크게 줄어들었다는 이야기가 되는데, 북한은 석탄 의존도가 높다는 점을 고려하면 선뜻 동의하기 어려우며, 석탄 생산량도 상당히 증가하였다고 보는 것이 합리적이다.

이처럼 과소평가되었을 가능성을 고려하여 북한의 성장률을 좀 더 높게 잡는다면 어떻게 될까. 2001~2015년 북한의 연평균 경제성장률을 2%로 가정하면, 2015년 북한의 GDP 지수는 102.0, 1인당 GDP 지수는 82.2가 된다. 또 같은 기간의 평균 성장률을 3%로 가정하면, 2015년 북한의 GDP 지수는 118.0, 1인당 GDP 지수는 95.1이 된다. 즉, 2000년 이후 북한의 연평균 경제성장률을 2~3%로 가정하면, 경제 규모는 1990년 수준을 회복하지만, 1인당 소득 수준은 회복하지 못한 것으로 나타난다. 이는 2000

년대 이후 북한의 성장률이 과소평가되었을 가능성을 고려해 조정한다고 해도, 1990년대 경제 위축이 워낙 심각하였던 탓에 최근까지도 북한은 경제위기 이전 소득 수준을 회복하지 못하였을 가능성이 크다는 것을 시사한다.

그렇기는 하지만, 1990년대 경제위기 당시와 비교하면, 2000년대 이후 북한의 경제 상황은 한층 나아졌다고 이야기할 수 있다. 이러한 회복은 경제위기 이후 북한 정권이 경제 부문의 변화를 일정 부분 받아들였기에 가능하였다고 할 수 있다. 사회주의 계획경제 체제의 기본 틀은 유지하면서도 시장 부문을 일정 부분 수용하고, 경제 주체들의 자율성을 강화하며, 대외경제 관계를 확대하는 등의 변화를 준 것이 경제의 회복을 가져온 것이다. 그럼 2000년대 이후 북한경제에 구체적으로 어떠한 변화가 있었는가에 대해서 경제개혁, 시장화와 사경제 활동, 대외경제 관계로 나누어 살펴보자.

경제개혁

1990년대 경제위기를 겪으면서 국가가 기업소의

생산 활동에 필요한 물자와 자금을 공급해 주는 시스템이 무너졌다는 것에 대해서는 앞서 언급한 바 있다. 이제 기업소가 스스로 생산요소를 확보하게 된 것인데, 이러한 상황에서는 기업소의 발언권이 커지고 자율성이 강화될 수 있다. 국가가 제 역할을 못하는 상황에서 기업소에 많은 것을 요구하거나 명령할 수 없기 때문이다. 국가가 기업소에 요구하는 생산량 목표 달성이 쉽지 않게 되자 어떻게 해서든 총생산액 목표만 채우면 계획을 달성한 것으로 인정하는 경향이 나타난 것도 그러한 예에 해당한다.

이렇게 되자, 기업소의 행동 방식에 변화가 나타났다. 기업소는 시장과 같은 비공식적인 루트를 통해서 생산요소를 조달하게 되었다. 또 명령받은 품목 대신 다른 상품을 생산한다든가, 생산물 중 일부를 장마당에서 판매하는 등의 양상도 나타났다. 총생산액 목표만 채우면 계획을 달성한 것으로 인정하는 경향이 나타났기에 기업소가 이처럼 행동하는 것이 가능해진 것이다.

기업소 내 의사결정 구조에도 변화가 나타났다. 지배인의 권한이 증대되고, 그동안 주도권을 장악하였던 당비서의 기업소 내 지위는 상대적으로 약화되었다. 국가가 자금, 물자 공급 등의 제 역할을 못함에 따라 기업소 내에서 자재 확보, 생산 등을 총괄하는 지배인의 역할이 더 중요해졌기 때문이다.

2002년 7.1 경제관리개선조치(이하 7.1 조치)는 이처럼 1990년대 북한경제가 위기를 겪으면서 나타난 시장화의 진전, 기업소의 자율성 강화 등의 변화를 사후적으로 승인함으로써 공식화한 조치라고 할 수 있다. 표 2는 7.1 조치 및 후속·관련 조치의 주요 내용을 정리한 것이다.

표에서 볼 수 있는 것처럼 7.1 조치 및 후속·관련 조치를 통해 경제 전반에 상당한 변화가 나타났다. 공식 시장이 들어서고, 국정가격이 현실화되었으며, 기업 활동 등에서 분권화·자율화 경향도 나타났다. 또 경제 활동 촉진을 위해 인센티브를 강화하는 조치도 이루어졌다.

북한 정권이 7.1 조치를 통해 얻고자 한 것은 무엇이었을까. 우선 시장화가 진전된 현실을 상당 부분 용인함으로써, 제도와 현실 사이의 괴리를 줄이려 한 것으로 보인다. 비공식적으로 아래로부터의 시장화가 진전됨에 따라 제도와 현실 사이의 괴리가 커지면서 나타나는 문제를 더 이상 묵과하기 어

| 표 2 | 7.1 조치 및 후속 · 관련 조치의 주요 내용

구분	7.1 조치	후속 · 관련 조치
가격·임금·환율	• 물가(25배), 임금(18배), 환율(70배) 인상 • 소비재 무상 급부제 폐지 • 각종 보조금 축소, 폐지	• 종합시장 등에 외화환전소 설치(2003)
농업	• 곡물 수매가 인상(50배) • 국가수매량 축소 • 농장의 경영 자율성 확대	• 협동농장 포전담당제 시범 실시(2004)
기업	• 번수입 체계에 의한 실적 평가 • 독립채산제 본격 실시 • 지배인 권한 강화 • 기업의 경영 자율성 확대 • 노동 인센티브 강화	• 일부 공장, 기업소 대상 기업개혁 조치 실시(2004)
상업·유통·서비스	• 사회주의 물자교류 시장 개설	• 종합시장 개설(2003) • 일부 국영상점을 수매상점으로 전환(2003) • 개인 식당, 서비스업 사실상 허용(2003)
대외경제관계	• 무역의 분권화 확대	• 신의주 특별행정구 지정(2002) • 금강산관광지구 지정(2002) • 개성공업지구 지정(2002)

자료: 양문수(2010: 74).

려워졌기 때문이다. 7.1 조치를 통해 국정가격을 품목에 따라 적게는 수 배에서 많게는 수백 배까지 인상하여 국정가격과 시장가격의 격차를 줄인 것을 예로 들 수 있다. 이는 국정가격과 시장가격의 격차가 벌어지자 자원이 비공식 부문으로 유출되는 문제가 심각해져, 해결할 필요가 있었기 때문에 취해진 조치였다.

쌀을 예로 들어 살펴보자. 쌀의 수매가격은 7.1 조치 이전에는 0.82원이었다. 그런데 만약 암시장에서 쌀 가격이 40원 정도로 국정 수매가격보다 약 50배 높았다면, 농민들은 국가의 수매에 응하기보다는 쌀을 숨겨 두었다가 직접 암시장에 가서 팔 유인을 가졌을 것이다. 다른 재화의 경우에도 이러한 문제가 나타났을 것이고, 이는 결국 공식 부문에 자원이 제대로 공급되지 않는 문제로 이어졌을 것이다.

북한 정권은 7.1 조치를 통해 계획경제 부문의 생산 능력을 확대하려고도 하였던 것으로 보인다. 기업소에 대해 독립채산제를 본격적으로 실시하고, 농장·기업소 경영의 자율성을 확대하며, 노동과 관련해 인센티브를 강화하는 등의 조치를 취한 것은 이러한 측면과 관련이 있을 것이다.

그런데 이러한 개혁 추세는 오래 지속되지 못하였다. 2000년대 후반, 북한 당국의 시장에 대한 태도는 달라졌고, 변화는 일관성 있게 추진되지 못하였다. 이는 내각 주도로 추진된 개혁적 정책 기조에 대한 노동당의 반발이 커졌기 때문으로 보인다. 그 결과 7.1 조치를 통해 이루어진 변화 중 일부는 다시 후퇴하는 양상이 나타났다.

개혁이 다시 모색된 것은 김정은 시대에 들어와서이다. 김정은 정권은 '우리식 경제관리방법'을 비롯한 여러 경제관리 개선조치를 발표하였다. 표 3은 김정은 시대에 제시된 경제관리 개선조치의 핵심이라고 할 수 있는 사회주의기업책임관리제의 주요 내용을 정리한 것으로, 이를 통해 김정은 시대 개혁의 몇 가지 특징을 확인할 수 있다.

첫째, 기업 경영의 자율성이 확대되었다. 국가뿐만 아니라 기업소도 생산을 계획할 수 있도록 '기업소 지표'가 도입되었으며, 중앙 지표•는 크게 줄어들었다. 또 기업소가 생산한 대부분의 제품 가격과 판매처도 기업소 스스로 정할 수 있게 되었다.

중앙 지표: 중앙에서 기업소에 하달하는 지표.

둘째, 계획 외 부문 중 일부가 공식 부문으로 편입되었다. 기업소 지표를 도입한 것은 기업이 그동안 비공식적으로 해 온 시장 판매 목적의 생산 활동을 인정하고, 합법화해 준 것으로 볼 수 있다. 또 계획 수행과 관련된 활동 과정에서 사용할 수 있는 계좌인 기본돈자리 외에 계획 외 경제 활동과 관련해서 사용할 수 있는 계좌인 현금돈자리를 도입한 것

| 표 3 | 사회주의기업책임관리제의 주요 개혁 내용

항목	내용
기업소 지표 도입	• 기업이 스스로 정한 생산품목, 생산량 등 계획에 반영 가능
중앙 지표 수행 부담 경감	• 물자의 공급 수준을 고려하여 계획의 달성 여부 평가 • 시장에서 조달한 원자재로 생산한 경우, 가격 책정 시 원자재 시장가격 반영
가격제정권 부여	• 기업소 지표에 근거해 생산한 상품은 시장가격 판매 가능 • 중앙 지표에 근거해 생산한 상품도 시장에서 원자재를 조달해 생산한 경우, 시장가격 판매 가능
판매권 부여	• 기업소 지표에 근거해 생산한 상품은 기업이 판매처 결정
자재 거래 허용	• 개별 기업 간 합의 시 자재 거래 가능
노력조절권 부여	• 기업 간 합의 시 노동력을 주고받을 수 있도록 허용
재정관리 자율성 확대	• 국가 예산 납부 후 기업의 기업소득 배분 자율성 확대
국가납부금 산정 방식 변경	• 시장 활동으로 얻은 판매수입도 납부금 산정에 반영
현금돈자리 도입	• 계획 외 경제 활동의 수입 및 지출 관련 업무 처리에 사용할 수 있는 현금돈자리(계좌) 도입
돈주 자금 활용 합법화	• '주민유휴화폐자금' 동원 허용
무역 및 합영·합작 기회 확대	• 모든 기관·기업소·단체의 무역 및 합영·합작 가능

자료: 저자 작성.

이나, 국가납부금을 산정할 때 시장 활동으로 얻은 판매수입도 반영하도록 한 것 역시 그 예에 해당한다.

북한 당국이 이처럼 계획 외 부문 중 일부를 공식 부문으로 편입시키기까지 한 이유는 무엇일까. 기업에 대한 관리를 보다 강화하고, 과세 범위를 확대하는 데 목적이 있는 것으로 보인다. 비공식 부문에 대해서는 과세가 불가능하다. 따라서 재정 상태가 좋지 않은 북한 당국 입장에서는 비공식 부문이 확대되는 상황을 그대로 방치해 두기 어려웠을 것이다. 결국 북한 당국은 그중 일부를 공식 부문에 편입시키는 방식으로 이러한 문제에 대응한 것이다.

김정은 시대 개혁 조치는 7.1 조치에 비해 한층 더 진일보한 것으로 평가할 수 있다. 표 4는 7.1 조치와 김정은 시대 개혁 조치를 비교해 놓은 것으로, 7.1 조치 시에는 시장이 계획경제 밖의 존재로서 공식적으로 인정되었다면, 김정은 시대 개혁을 통해서는 계획경제 체계 내로 편입되고 있다. 또 김정은 시대 개혁을 통해 시장의 제도화 수준도 한층 높아졌다. 그만큼 이제 북한경제에서 시장 부문은 불가결한 요소로 자리잡았으며, 북한 당국도 이러한 현실을 어느 정도 수용하고 있는 것이다. 또한 당국의 지령성 지표 감축 정도나 기업·농장·무역회사의 자율성 확대 수준, 개혁의 범주 등의 측면을 놓고 보더라도 김정은 시대 개혁 조치는 7.1 조치에 비해 한층 진전된 것으로 보아야 할 것이다.

하지만 그렇다고 해도 김정은 시대 북한의 경제

| 표 4 | 7.1 조치와 김정은 시대 개혁 조치 비교

항목	7.1 조치	김정은 시대 개혁 조치
시장의 지위	• 시장을 합법화 • 다만 시장은 계획경제 밖의 존재로서 인정	• 시장을 합법화 • 특히 시장을 계획경제 체계 내에 편입시킴.
시장의 제도화 수준	• 낮음 • 법률에 의한 뒷받침 X • 최고지도자의 공개적 언급 X	• 중간 정도 • 법률에 의한 뒷받침 • 최고지도자의 공개적 언급 빈번
기업에 대한 당국의 지령성 지표의 감축	• 소폭	• 대폭
기업, 농장, 무역회사의 자율성 확대	• 소폭	• 대폭
개혁의 범위	• 기업, 농업, 무역, 가격, 재정 등	• 기업, 농업, 무역, 가격, 재정 + 계획 시스템, 금융

자료: 양문수(2018: 96).

개혁이 높은 수준에 이르렀다고 보기는 어렵다. 중국의 개혁 사례와 비교해 보면, 북한의 경제개혁은 여전히 중국의 초기 개혁 수준에 미치지 못하거나, 그에 준하는 수준이라고 볼 수 있기 때문이다. 특히 북한은 사회주의 계획경제 체제의 두 가지 핵심적 특징 중 중앙집권적 계획경제와 관련해서는 기업소의 자율성을 강화하는 등 개혁을 진전시키고 있지만, 생산수단의 사적 소유 금지와 관련해서는 별다른 변화를 모색하지 않고 있다. 뒤에서 보듯이, 이미 비공식적인 형태의 사기업이 출현하고 사경제 활동이 확산되어 왔음에도, 이에 대해서는 사후적으로 승인하는 조치를 취하지 않고 있는 것이다.

시장화와 사경제 활동의 확산

앞서 경제개혁에 대해 살펴보면서 시장 메커니즘의 도입 및 확산 측면에 대해서는 언급한 만큼, 여기서는 주로 시장의 양적 팽창 양상을 보기로 한다. 1990년대 경제위기를 거치면서 나타난 시장화의 진전 및 사경제 활동의 확산 양상은 2000년대 들어와서도 지속되었다. 2000년대 이루어진 시장의 팽창과 관련해 가장 주목할 변화는 2003년 3월 소비재 시장인 종합시장이 도입된 것이다. 이는 농민시장이 암시장으로 변해 다양한 소비재가 유통되고 있던 현실을 공식적으로 인정해 줌으로써, 합법적으로 시장에서 다양한 소비재를 판매할 수 있게 한 것이다. 또한 7.1 조치 시에는 북한 최초의 생산재 시장인 '사회주의 물자교류시장•'이 도입되기도 하였다.

사회주의 물자교류시장: 공장·기업소에서 원자재, 부속품 등이 남거나 모자랄 경우, 서로 교환할 수 있도록 마련된 시장.

이처럼 상품 시장이 형성되고 시장 활동이 활발해지면 생산요소 시장인 노동 시장, 금융 시장도 발

평양 통일거리 시장 내부 모습(2004년)
자료: 「'불가역적' 北시장화, 비핵화 행보로 이어지나」, 연합뉴스(2018년 4월 23일자).

전하게 된다. 노동 시장의 경우, 소비재·생산재 시장과 달리 공식적으로 허용되지는 않았다. 하지만 초보적인 형태로 임노동자•가 출현하는 등의 변화가 나타났다. 상업 활동이 활발해지면서 임노동자에 대한 수요가 생긴 데다, 8.3 노동자 등 사경제 부문에서 일자리를 찾는 인력도 발생하였기 때문이다.

임노동자: 다른 사람에게 고용되어 임금을 받고 일하는 노동자.

한편, 금융 부문에서도 공식 시장 대신 비공식

시장인 사금융 시장이 성장하는 양상이 나타났다. 북한 주민들도 생계유지를 위해서, 혹은 장사 등 사경제 활동을 하는 과정에서 대출이 필요할 수 있지만, 북한에서 주민들은 은행 대출을 받을 수 없다. 그런데 시장화가 진전되면서 돈주•가 출현하였고, 이들을 중심으로 사금융 시장이 형성될 수 있었다.

돈주: 북한에서 장사 등을 통해 자본을 축적한 신흥 자본가 계층.

2000년대 들어와 이처럼 시장화가 진행되었지만, 앞서 언급하였듯이 2000년대 중반 이후에는 북한 당국이 종합시장의 장사 시간을 제한한다거나, 돈주에 대한 검열을 강화하는 등 시장을 억제하는 정책을 폈다. 그리고 2010년 초에는 종합시장을 다시 농민시장으로 되돌린다는 발표가 있기도 하였다. 시장화로 인해 기존 사회주의 질서가 동요하는 것에 대한 반발 때문이었다.

이러한 시장 억제 정책 중 북한경제에 가장 큰 영향을 미친 것은 화폐개혁이었다. 북한은 2009년 11월 기존 화폐를 새로운 화폐로 교환하도록 하면서 교환 금액에 한도를 두는 형태로 화폐개혁을 단행하였다. 화폐를 가장 많이 보유하고 있던 돈주 세력을 약화시킴으로써 시장 부문을 위축시키려는 조치였다.

8.3 노동자

1990년대 이후 북한경제가 위축되고 생산물자 공급이 제대로 이루어지지 않아 기업소 내 일거리가 감소하였으며, 노동자들은 직장에서 생계유지가 가능한 수준의 생활비를 받지 못하게 되었다. 하지만 북한에서는 직업 선택의 자유가 보장되지 않기 때문에 노동자들은 일이 없고, 보수도 제대로 못 받는 상황에서도 배치된 직장을 그만둘 수 없다.

8.3 노동자의 출현은 이러한 상황에서 기업소와 노동자 사이에서 나타난 일종의 담합 현상이라고 할 수 있다. 8.3 노동자란 국가가 배치한 기업소에 일정액을 납부하는 대신 출근하지 않는 노동자를 지칭한다. 노동자는 8.3 노동자가 됨으로써, 출근하지 않고 장사 등 사경제 활동에 참여하여 돈을 벌 수 있는 시간을 확보할 수 있게 되었다. 기업소 입장에서도 과잉 노동력이 존재하고 있는 데다, 이들이 내는 돈을 기업소 운영에 활용할 수 있었기에 8.3 노동자의 출현을 마다할 이유가 없었다. 북한 당국도 이러한 현실을 고려해, 8.3 노동자의 출현을 용인해 주고 있는 것으로 보인다.

그런데 이 조치는 시장 부문을 위축시키는 데 그치지 않고, 더 큰 혼란을 불러왔다. 우선 달러라이제이션•(dollarization)이 북한 내에서 크게 확산되는 상황을 초래하였다. 화폐개혁으로 돈주들의 재산이 침해되는 것을 목도한 주민들이 북한 원화보다 달러화나 위안화를 선호하는 경향을 보이게 되었기 때문이다. 이에 따라 환율과 물가가 급등하는 양상이 나타났으며, 이는 2013년에 가서야 진정될 수 있

달러라이제이션: 자국 화폐에 대한 불신이 커지면서 사람들이 달러화와 같은 외국 화폐를 선호하게 되는 현상.

었다. 그림 5는 평양 지역의 원/달러 환율과 쌀 가격의 추세를 나타낸 것으로, 화폐개혁 직후부터 2012년 말까지 양자 모두 크게 증가하였음을 알 수 있다.

게다가 화폐개혁은 자금 부족으로 인해 돈주 자금에 의존해 온 기업소의 생산 활동에 타격을 주기도 하였다. 이처럼 화폐개혁은 경제에 여러 혼란을 가져오기만 한 채 결국 실패하였다. 그리고 북한 당국의 시장 억제 정책도 2010년 5월 철회되었다.

김정은 시대가 들어서자 북한의 시장화는 다시 진전되었다. 종합시장이 크게 늘어난 것이 이를 잘 보여 준다. 2010년 초, 미국의 한미연구소(U.S.-Korea Institute: USKI)에서 위성사진을 이용해 분석한 결과, 북한의 종합시장은 200여 개 운영되고 있는 것으로 관측되었다. 그런데 2016년 통일연구원에서 역시 위성사진을 이용해 분석한 결과, 종합시장은 400개 성도로 늘어난 것으로 확인되었으며, 2018년 초 한미연구소가 다시 분석한 결과, 종합시장은 최소 482개 존재하는 것으로 나타났다. 8년 사이 종합시장 수가 2배 넘게 증가한 것이다.

서비스 시장도 성장하였다. 민간 사업자들이 운영하는 시외버스 노선이 전국적으로 형성되어 있으

| 그림 5 | **북한 평양 지역 환율 및 쌀 가격, 2010~2013**

(단위: 북한 원)

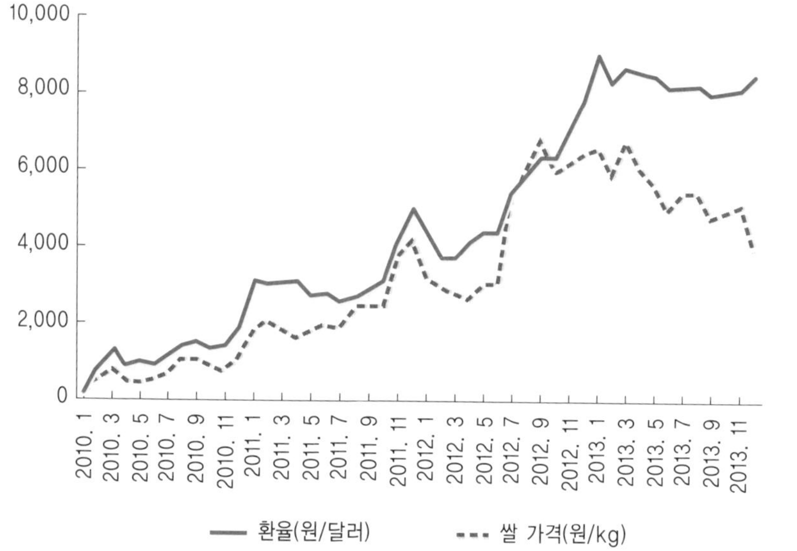

자료: 남진욱(2013: 84); 남진욱(2014: 96).

며, 개인이 운행하는 트럭, 시내버스, 택시 등도 크게 증가하였다. 또 주택 거래가 늘어나 부동산 중개업자도 등장하였으며, 평양 등 일부 지역에서는 오토바이를 이용한 배달업이 성행한다고 한다. 이 밖에도 다양한 형태의 서비스 시장이 성장하고 있다.

그런데 앞서 설명한 것처럼, 북한에서는 개인이 생산수단을 소유할 수 없다. 그렇다면 이러한 서비

평양에서 운행 중인 택시
자료: 연합뉴스.

스업을 비롯한 다양한 형태의 사경제 활동은 어떻게 가능할까. '사회주의 모자'를 씌워 주는 형태로 이루어지고 있다. 택시를 예로 들면, 개인이 택시를 구입해서 기업소에 등록하여 소위 '사회주의 모자'를 씌운 뒤, 기업소에 일정액을 지불하고 택시를 운행한다. 즉, 운송수단을 개인이 운행하지만, 공식적으로는 기업소 소유로 해둠으로써 합법성을 획득하는 대신, 대가를 지급하고 있는 것이다.

북한 이탈 주민을 대상으로 실시된 조사 결과를

| 표 5 | 북한의 사경제 활동의 수준과 추세

(단위: %)

설문 문항	매우 많았다		어느 정도 있었다	
	2007~12년 조사	2013~15년 조사	2007~12년 조사	2013~15년 조사
(상업)관리소에 적을 걸고 집에서 식당을 운영하는 사람	14.7	50.6	45.0	36.9
(편의봉사)관리소에 적을 걸고 개인이 운영하는 미용실	25.7	45.0	12.8	40.0
(편의봉사)관리소에 적을 걸고 개인이 운영하는 숙박업소	14.7	25.6	19.3	23.8
개인이 기계를 구해서 꾸며 놓은 국수 생산기지	41.3	53.8	28.4	36.9
(급양)관리소로부터 건물을 빌려서 개인이 운영하는 식당	30.3	48.1	47.7	38.1

자료: 양문수·윤인주(2016: 69~74).

보면, 김정은 시대에 들어와 이러한 사경제 활동이 증대되고 있음을 확인할 수 있다. 표 5는 북한에서 사경제 활동이 얼마나 이루어지고 있는가를 조사한 결과인데, 2007~2012년 조사 결과와 2013~2015년 조사 결과를 비교해 보면, 사경제 활동이 '매우 많았다'는 응답의 비율이 상승하였음을 알 수 있다. 참고로 '관리소에 적을 걸고'라는 표현이 반복해서 나오는데, 이는 앞서 이야기한 '사회주의 모자'를 씌우는 것과 같은 의미라고 보면 된다.

김정은 시대에는 소비재, 서비스 시장뿐 아니라 노동 시장과 금융 시장도 성장하는 추세를 보였다. 임노동 고용이 보다 활발해진 것으로 보이며, 사금융 시장도 담보대출이 이루어지고, 담보 여부, 담보 가치 등에 따라 대출 규모나 금리가 달라지는 등 대출이 보다 체계화되는 양상이 나타났다.

김정은 시대에 시장 부문이 성장세를 보인 이유는 무엇일까. 우선 북한 당국이 시장 부문을 적극적으로 용인하였다는 점이 중요하다. 일각에서 김정은 시대에는 북한 당국이 시장화를 주도하고 있다는 평가도 나올 정도로, 북한 당국은 시장화에 호의적이었다. 이는 북한경제에서 시장 부문이 차지하는 중요성이 커짐에 따라 시장화를 보다 더 적극적으로 수용하는 것이 불가피해진 데에다, 북한 당국도 시장 부문을 통해 재정적 이익을 얻을 수 있다고 판단하였기 때문으로 보인다. 북한 정권은 시장 부문을 공식 부문으로 흡수해 세금을 부과하여 세수를 늘리고 있으며, 휴대전화 단말기를 수입해 판매하는 등 직접 시장 부문에 참여하는 방식으로 수익을 얻기도 하였다.

시장 부문이 성장하게 된 또 하나의 이유는 김정

은 시대의 무역 규모가 크게 증가한 데서 찾을 수 있다. 북한 시장에서 거래되는 물품 중 상당 부분을 중국산 제품이 차지하고 있는데, 김정은 시대에 소비재 수입이 크게 증가함에 따라 거래가 더욱 활기를 띠게 된 것이다. 이에 대해서는 뒤에서 무역에 대해 살펴보면서 이야기하기로 한다.

끝으로, 시장화, 사경제 활동의 증가가 북한경제에 어떠한 영향을 미치고 있는가에 대해 살펴보자. 우선 자원 배분의 효율성이 높아졌다. 국가가 계획에 근거해 자원을 배분하는 것보다 시장을 통해 자원을 배분하는 것이 더 효율적이라는 것에 대해서는 앞서 설명한 바 있다.

시장화와 사경제 활동 증가는 주민들의 안정적인 생계유지에도 도움이 되고 있다. 1990년대 경제위기 이후 주민들은 더 이상 국가가 자신들의 생계를 책임져 주리라 기대하지 않고 스스로 벌어들인 소득을 가지고 생활하고 있는데, 이는 시장화와 사경제 활동의 확산이 있었기에 가능하였다. 마지막으로 시장화는 국가 재정수입을 늘리는 데에도 기여하고 있을 것이다. 이에 관해서는 앞서 언급한 바 있다.

대외경제 관계의 확대

과거 북한은 주로 사회주의 국가들과 무역 거래를 하였다. 앞서 이야기하였듯이, 북한은 사회주의 국가들과 시장가격 대신 정부 간에 합의한 가격으로 교역하는 협정무역 방식으로 거래를 하였으며, 이 과정에서 혜택을 보기도 하였다. 하지만 사회주의권이 붕괴함에 따라 1990년대 이후에는 원유 등 일부 품목을 제외한 대부분의 품목에 대해서 시장가격으로 교역을 하게 되었다. 이러한 대외환경의 변화 속에 1990년대 감소세를 보이던 북한 무역은 2000년대 이후에는 다시 증가하는 양상을 보였으며, 이는 북한경제가 회복세를 보이는 데 일조하였다.

그림 6은 2000년 이후 북한의 무역 규모 추세를 나타낸 것이다. 전체적으로 수출입 모두 증가하는 추세를 보이고 있는데, 특히 2010년대 초반 증가세가 두드러진다. 그 결과 2000년 5억 달러를 조금 상회하던 수출은 2013년에는 32억 달러로 늘어났으며, 2000년 14억 달러 수준이던 수입은 2014년에는 45억 달러에 육박하였다. 그림을 보면, 북한은 2000년 이후 계속해서 무역적자를 기록하고 있는데, 15.6억 달

| 그림 6 | **북한의 무역 규모, 2000~2015**

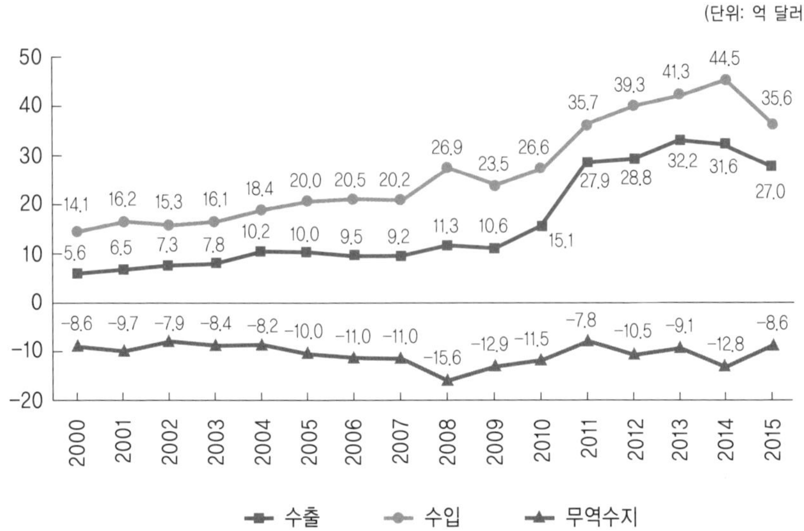

자료: 국가통계포털.

러까지 증가하였던 2008년을 제외하면 적자 규모는 대체로 10억 달러 내외 수준이다.

완만한 증가세를 보이던 북한 무역이 2010년대 초반 빠르게 증가한 이유는 무엇일까. 김정은 정권 초기 무역 거래를 할 수 있는 기관의 범위를 확대하고, 무역 거래 허가 요건을 완화하는 등 무역을 자유화·분권화한 것도 영향을 주었을 것이다. 하지만 보다 중요한 요인은 이 시기 북한의 수출 증대에 유리한 대외 여건이 조성되었다는 데에서 찾을 수 있다.

2010년대 들어와 북한 수출이 급증한 것은 주력 수출품인 석탄과 의류의 수출이 호조를 보인 덕분이었다. 대중국 수출을 보면, 2010년 4억 달러 수준이던 석탄 수출은 2013년 14억 달러로 증가하였으며, 2010년 2억 달러에 못 미치던 의류 수출은 2015년 8억 달러로 증가하였다.

석탄 수출이 크게 증가한 것은 중국 경제의 빠른 성장으로 인해 북한이 중국에 석탄(특히 무연탄)을 수출할 기회가 늘어난 데다, 중국의 석탄 수요 증가로 석탄의 국제가격이 빠르게 상승하였기 때문이다. 2000년 톤당 10달러 수준이던 중국의 무연탄 수입가격은 2010년대 초반에는 100달러 내외에 이르고 있었다.

의류 수출 증가는 중국 내 인건비가 빠르게 상승한 것과 관련이 있다. 북한의 의류 수출은 대부분 중국에서 원단을 들여와 가공해서 다시 중국으로 수출하는 위탁가공 형태로 이루어진다. 그런데 중국 내 임금이 빠르게 오르자, 중국 기업들이 북한의 저임금 노동력을 활용하는 데 보다 적극적으로 나서게 되면서, 2010년대 들어와 의류 수출이 빠르게 증가하였던 것이다.

북한의 수출은 2013년을 정점으로 감소세로 돌아섰다. 이는 최대 수출 품목인 석탄의 수출이 역시 2013년을 정점으로 이후 감소세를 보인 결과였다. 북한의 대중 석탄 수출 규모는 2013년 13.9억 달러에서 2015년 10.6억 달러로 2년 사이 25%가량 감소하였는데, 중국 경기가 둔화되는 양상을 보이고, 중국에서 환경 문제가 대두됨에 따라 중국의 석탄 수입 수요가 줄어든 데다 그 여파로 석탄의 국제가격도 하락한 것이 원인이었다.

한편, 그림 6과 관련해 북한이 무역수지 적자 상태를 어떻게 장기간 지속해서 유지해 올 수 있었는가라는 의문이 들 수 있다. 일단 그림에서 북한의 수입 규모에는 원조 부분도 일부 포함되어 있으므로, 실제 무역적자 규모는 이보다 작다. 게다가 북한은 북중 접경 지역에서의 호시무역*, 무기류 및 귀금속 등의 불법적인 수출, 어업권 판매, 해외 파견 노동자의 송금 등 다양한 루트를 통해 외화를 획득해 왔는데, 이렇게 벌어들인 외화로 무역수지 적자를 상쇄할 수 있었던 것으로 보인다.

호시무역: 북중 접경 지역 주민들이 국경을 드나들며 일정 규모 이하의 상품을 무관세로 거래하는 무역.

그렇다면 2000년대 이후 무역 확대는 북한경제

| 표 6 | **북한의 대중국 주요 내구소비재 수입 추이, 2001~2015**

(단위: 천 대)

	컬러TV	흑백TV	가정용 냉장고	소형 냉동고	세탁기	전기밥솥	휴대전화
2001~2005	727	900	13	92	30	559	10
2006~2010	1,087	280	79	317	187	1,076	546
2011~2015	2,228	0	135	336	140	1,156	4,050

자료: UN Comtrade database.

에 어떠한 영향을 주었을까. 앞서도 대외경제 관계 확대를 북한경제가 완만한 회복세를 보인 요인 중 하나로 언급한 바 있는데, 무역 증대는 생산 증대, 즉 경제성장에 도움이 되었을 것이다. 특히 2010년대에는 수출이 증가함에 따라 가용 외화가 증대되어 자본재, 중간재 등의 수입도 크게 증가하였는데, 이는 김정은 시대에 산업 생산 역량이 강화되는 데 큰 도움이 되었을 것이다.

무역 증가는 북한 주민들의 소비 수준 향상에도 도움이 되었을 것이다. 수출 증가로 주민들의 구매력이 향상되는 데다, 수입을 통해 다양한 양질의 소비재가 공급될 수 있었기 때문이다. 표 6은 2001년 이후 북한이 중국으로부터 수입한 주요 내구소비재• 의 수입 규모를 나타낸 것이다. 컬러TV로 대체된 흑

내구소비재: 장기간에 걸쳐 사용되는 소비재.

백TV를 제외하면, 대체로 2000년대 후반 수입 규모가 크게 증가하였으며, 컬러TV, 냉장고, 휴대전화 등 일부 품목은 2011년 이후 수입 규모가 더욱 증가한 것으로 나타나고 있다. 내구소비재뿐만 아니라 음식료품, 준내구소비재, 비내구소비재의 수입도 증가해 왔는데, 이 역시 주민들의 소비 수준 향상에 기여하였을 것이다.

무역 규모의 확대는 북한의 시장화를 촉진하기도 하였다. 일단 소비재 수입의 증가는 시장거래를 활성화하는 요인으로 작용하였을 것이다. 이와 함께 수입을 통해 통신수단과 운송수단이 확대 보급된 것도 시장화가 진전된 데에 중요하게 작용하였다. 휴대전화 수입은 2010년대 들어와 크게 증가하였는데, 시장 관련 정보가 더 신속히 유통되고 거래가 원활하게 이루어지도록 하는 데 크게 기여하였을 것으로 보이며, 화물자동차, 버스 등의 수입 증가는 상품과 사람의 이동을 촉진하고, 시장이 전국적으로 통합되는 데 도움이 되었을 것이다.

지금까지는 대외경제 관계의 확대와 관련해 무역 부문을 주로 살펴보았다. 마지막으로 2000년대 이후 북한의 외자 유치 노력에 대해 살펴본다. 북한은 중국의 개혁·개방 초기 경험을 모방하여 경제특구•라는 특정 지역만을 우선적으로 개방하는 형태로 외자 유치에 나섰다. 가장 먼저 설치된 특구는 함경북도의 나진·선봉 경제특구로, 1991년 설치되었다. 이어 2002년 7.1 조치를 시행하면서 신의주 특별행정구, 개성공업지구, 금강산관광지구, 이렇게 세 개의 경제특구도 개발하였다. 이 중 신의주 특별행정구는 입법, 사법, 행정 자치권을 부여하는 등 상당히 파격적인 형태로 개발 계획이 세워졌으나, 초대 행정장관으로 임명된 중국인 부호 양빈(楊斌)이 중국에서 탈세 혐의로 체포되면서 중단되고 말았다.

경제특구: 외국 자본 유치 등을 위해 법률적 혜택을 주고자 지정하는 특별 구역.

개성공업지구와 금강산관광지구는 남한 자본이 단독으로 개발하는 형태로 계획되었고, 실제 투자도 이루어졌다. 그러나 금강산 관광 사업은 남한 관광객이 피격 사망하는 사건이 발생하여 2008년 8월 이후 중단되었으며, 2010년대 북한 근로자 5만 명 이상이 근무할 만큼 북한 경제특구 중 가장 성공적으로 전개되었던 개성공단 사업은 북한이 4차 핵실험을 실시한 2016년 초 이후 중단된 상태이다.

김정은 정권도 경제특구 개발에 적극적이었다. 초반에는 기존의 나선경제무역지대(구 나진·선봉 경제특구)와 2011년 새로 지정된 황금평·위화도 경제지대가 특구 개발 사업의 핵심 지역이었다. 그러나 2013년 경제특구 개발을 주도해 온 장성택이 처형되면서 경제특구 개발은 정체 국면에 접어들었다.

이후 경제특구 대신 북한이 보다 적극적으로 개발에 나선 것은 경제개발구였다. 경제개발구는 대부분 면적이 5km^2 이하일 정도로 규모가 작고, 공업, 농업, 관광, 수출가공 등의 분야로 특화되어 있다는 점에서 규모가 크고 대체로 생산, 가공, 상업, 금융 등 다양한 부문을 포괄하던 경제특구와는 차이를 보인다. 이외에도 지방 주도로 개발할 수 있도록 한 점, 북한 기업의 참여가 가능하게 되었다는 점 등에서도 기존 특구와는 다르다.

북한은 2013년부터 30개에 가까운 경제개발구를 설치하였다. 그리고 2015년 5월 금강산에서 원산-금강산국제관광지대 투자설명회를 개최하는 등 투자유치에 의욕을 보이기도 하였다. 하지만 해외 투자자들의 관심을 끌기에는 한계가 많은 데다 대북제재를 통해 대북 투자가 금지된 탓에 아직 투자 유치에 별다른 성과를 거두지 못하고 있는 것으로 보인다.

생활 수준

지금까지 2000년대 이후 경제개혁, 시장화와 사경제 활동의 확산, 대외경제 관계의 확대 속에 북한 경제가 완만한 회복세를 보여 왔음을 확인하였다. 그렇다면 이러한 회복세 속에서 북한 주민의 생활 수준은 얼마나 개선되어 왔을까. 또 북한 주민의 생활 수준은 어느 정도일까.

세계은행은 매년 소득 수준을 기준으로 전 세계 국가들을 고소득·중상소득·중하소득·저소득 국가로 분류한 결과를 발표한다. 북한은 1997년까지는 중하소득 국가로 분류되다가 1998년부터 최근까지는 저소득 국가로 분류되고 있다. 북한은 경제위기를 겪은 이후 계속해서 세계에서 소득 수준이 가장 낮은 국가 중 하나로 분류되고 있는 것이다.

그런데 북한의 생활 수준을 확인할 수 있는 몇몇 지표를 살펴보면, 이러한 분류 결과에 대해서 의구심을 갖게 된다. 그림 7은 국제기구에서 비정기적으로 조사한 북한 영유아 영양 상태 관련 지표들의 추세를 보여 주고 있다. 영유아 영양 상태는 각국의 민생을 보여 주는 대표적 지표 중 하나인데, 특히 만

| 그림 7 | 북한 영유아 영양 상태 관련 주요 지표, 1998~2017

(단위: %)

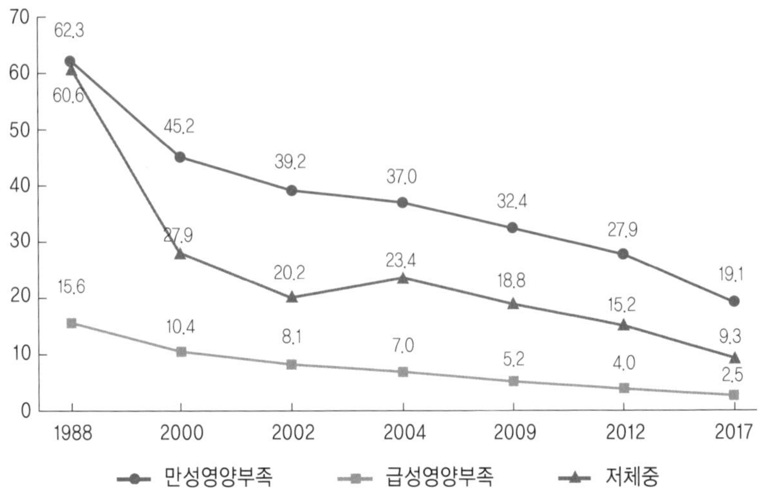

자료: 홍제환·김석진·정은미(2018: 65).

만성영양부족 비율: 또래에 비해 키가 아주 작은(전 세계 하위 2.5%) 아이들의 비율.

급성영양부족 비율: 키에 비해 체중이 아주 적은(전 세계 하위 2.5%) 아이들의 비율.

저체중 비율: 또래에 비해 체중이 아주 적은(전 세계 하위 2.5%) 아이들의 비율.

성영양부족(chronic malnutrition) 비율•은 영유아 영양 상태를 나타내는 가장 종합적인 지표로 활용되고 있다.

북한 영유아의 만성영양부족 비율은 1998년 62.3%였다. 북한 어린이 다섯 명 중 세 명이 만성영양부족 상태에 있었다는 이야기로, 경제위기 당시 북한의 상황이 얼마나 안 좋았는가를 여실히 보여준다. 그런데 만성영양부족 비율은 계속해서 하락하여 2017년에는 19.1%로까지 낮아졌다. 최근에는 북한 어린이 다섯 명 중 한 명만 만성영양부족 상태에 있는 것이다.

다른 국가들과 비교해 보면 이는 어느 정도 수준일까. 저소득 또는 중하소득 국가 79개국과 비교해 본 결과, 북한은 1998년에는 세계에서 두 번째로 영유아 영양 상태가 안 좋은 국가였으나, 2017년에는 26위로 순위가 크게 상승한 것으로 나타났다. 이는 중하소득 국가 중 중간 정도에 해당하는 순위이다. 물론 영유아의 만성영양부족 비율이 2~3% 수준인 선진국과 비교하면 아직 많은 개선이 필요하다. 하지만 다른 저개발국과 비교해 보았을 때, 최근에는 북한 영유아의 영양 상태가 매우 심각한 수준은 아님을 알 수 있다.

이번에는 북한의 가계 재산 수준을 국제 비교한 결과를 살펴본다. 그림 8은 북한과 개발도상국의 국제재산지수를 2015년 기준(북한은 2017년 자료)으로 비교해 놓은 것이다. 국제재산지수는 해외 연구진이 각국의 생활 수준을 국제 비교하기 위해 만든 지표로, TV, 냉장고, 승용차 등 내구소비재 보유 여부, 주거 환경, 전기 및 상수도 공급 여부 등을 종합적으로

| 그림 8 | **북한과 개발도상국의 국제재산지수 비교**

(단위: %)

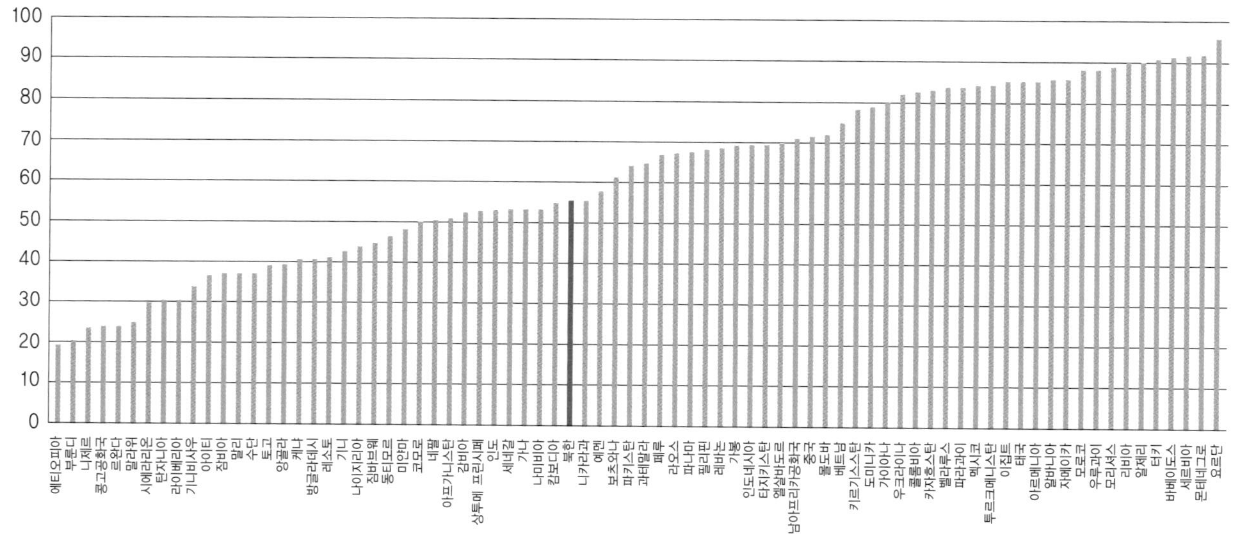

자료: 김석진·홍제환(2019: 62).

평가하여 산출한다.

그림에서 북한은 저소득 국가 23개국, 중하소득 국가 25개국, 중상소득 국가 30개국과 비교되고 있는데, 79개국 중에서 44위를 기록하고 있다. 앞의 영유아 영양 실태와 마찬가지로 중하소득 국가의 중간 정도에 해당하고 있는 것이다.

정리하면, 2000년대 이후 북한 주민의 생활 수준은 꾸준히 향상되어 온 것으로 보이며, 그 결과 2010년대 중반 상황을 보면 북한은 저소득 국가로 분류되지만, 생활 수준은 중하소득 국가의 중간 정도에 해당한다고 평가할 수 있다. 그런데 이처럼 북한의 소득 수준에 대한 평가와 생활 수준에 대한 평가 사이에 차이가 존재하는 이유는 무엇일까. 앞서 지적하였듯이, 북한의 소득 수준이 과소평가되었기 때문일 수도 있으며, 국제기구의 생활 수준 조사 결과가 북한 실태를 과대평가하고 있기 때문일 수도 있다. 다른 한편으로는 북한과 같은 사회주의 국가들은 전통적으로 보건, 주거, 위생 등을 중시해 왔는데, 북한에 아직 그 유산이 남아 있어 생활 수준이 소득 수준보다 양호할 가능성도 있다.

5

제재의 충격, 2016~2021

대북제재

영향

대북제재

2016년 이후 북한경제는 대북제재의 강화라는 새로운 환경에 직면하였다. 사실 북한은 그 이전부터 유엔 안보리의 제재를 받아 왔다. 차이가 있다면, 2016년 이전에 채택된 유엔 안보리 결의에는 맞춤형 제재(targeted sanctions)에 해당하는 내용이 담겨 있었던 반면, 2016년 이후 채택된 결의에는 포괄적 제재(comprehensive sanctions)에 해당하는 내용이 담겨 있다는 점이다. 핵실험 등 제재 사유에 대해 책임이 있는 개인, 단체에 제재를 부과하던 방식에서, 북한 주민 불특정 다수에게 제재의 영향이 미치는 보다 강력한 방식으로 변경된 것이다.

그렇다면 2016년 이후의 대북제재에는 구체적으로 어떠한 내용이 담겨 있을까. 표 7은 2016년 이후 채택된 유엔 안보리 대북제재 결의의 주요 내용을 정리해 놓은 것이다. 제재는 크게 수출, 수입, 해외노동자 파견, 합작사업 등에 대해 가해졌다.

수출과 관련해서는 2016년 초부터 조치가 이루어졌는데, 특히 2017년 하반기에 크게 강화되었다. 그 이전에는 석탄·철·철광석 등의 수출을 제한하

| 표 7 | 2016년 이후 유엔 대북제재의 주요 내용

결의	2270호	2321호	2371호	2375호	2397호
시기	2016. 3	2016. 11	2017. 8	2017. 9	2017. 12
사유	4차 핵실험	5차 핵실험	ICBM 발사 실험	6차 핵실험	ICBM 발사 실험
수출	• 석탄·철·철광석 수출 금지(민생 목적 제외) • 금·바나듐광·티타늄광·희토류 수출 금지	• 석탄 수출 상한 설정(4억 달러, 750만 톤 중 적은 쪽) • 은·동·아연·니켈 및 조형물 수출 금지	• 석탄·철·철광석 수출 전면 금지 • 납·납광석·수산물 수출 금지	• 섬유제품 수출 금지	• 식용품, 농산품, 기계류, 전자기기, 목재류, 선박 등 수출 금지
수입				• 원유 수입량 동결, 정유제품 수입 상한 설정(200만 배럴)	• 정유제품 수입 상한 축소(50만 배럴) • 산업용 기계류, 운송수단, 철강 등 금속류 수입 금지
해외 노동자		• 북한 해외 노동자 문제에 대한 주의 촉구	• 북한 해외 노동자 파견 규모 동결	• 북한 해외 노동자 신규 노동 허가 금지 및 기존 노동자 계약 연장 금지	• 북한 해외 노동자 24개월 내 전원 송환
금융·투자 및 기타	• 유엔 회원국 내 북한 은행의 기존 지점 폐쇄, 회원국 금융 기관 WMD 관련 계좌 폐쇄	• 2270호 내용 중 'WMD 관련' 삭제	• 조선무역은행 제재 대상에 추가 • 북한과의 합작사업 신규 및 확대 금지	• 북한과의 합작사업 전면 금지(기존 사업 120일 내 폐쇄) • 공해상에서 화물 이동 금지	• 북한으로부터의 어획권 구입 금지

자료: 정형곤 외(2018: 42), 〈표 2-1〉을 일부 수정 및 보완하여 작성함.

면서 '민생 목적 제외'라는 예외 조항을 두거나 상한을 설정하였는데, 2017년 8월 유엔 결의 2371호에서는 이들 품목의 수출을 전면 금지하였으며, 곧이어 2375호를 통해 섬유제품의 수출도 금지하였다. 그 결과 2018년 이후 북한은 주력 수출품인 석탄·철·철광석, 수산물, 섬유제품 등을 모두 수출할 수 없게 되었다.

수입과 관련해서는 2017년 9월 2375호에 의해 원유와 정유제품 수입에 상한이 설정되었으며, 같은 해 12월에는 2397호에 의해 정유제품 수입 상한이 다시 큰 폭으로 감소하였다. 2397호에서는 이와 함께 산업용 기계류, 운송수단, 금속류에 대한 수입 금지 조치도 이루어졌다. 수입 부문에서는 석유류 및 자본재를 중심으로 제재가 가해진 것이다.

한편, 북한의 주요 외화벌이 사업 중 하나였던 해외 노동자 파견과 관련해서는 2321호부터 단계적으로 조치가 강화되어, 2397호에 의해 해외에 나가 있는 모든 북한 노동자는 2019년 말까지 북한으로 돌아가게 되었다. 또 2375호에 의해 북한과의 합작사업에 대해서는 전면 금지하는 조치가 단행되기도 하였다.

| 그림 9 | **유엔 대북제재 효과의 발생 경로**

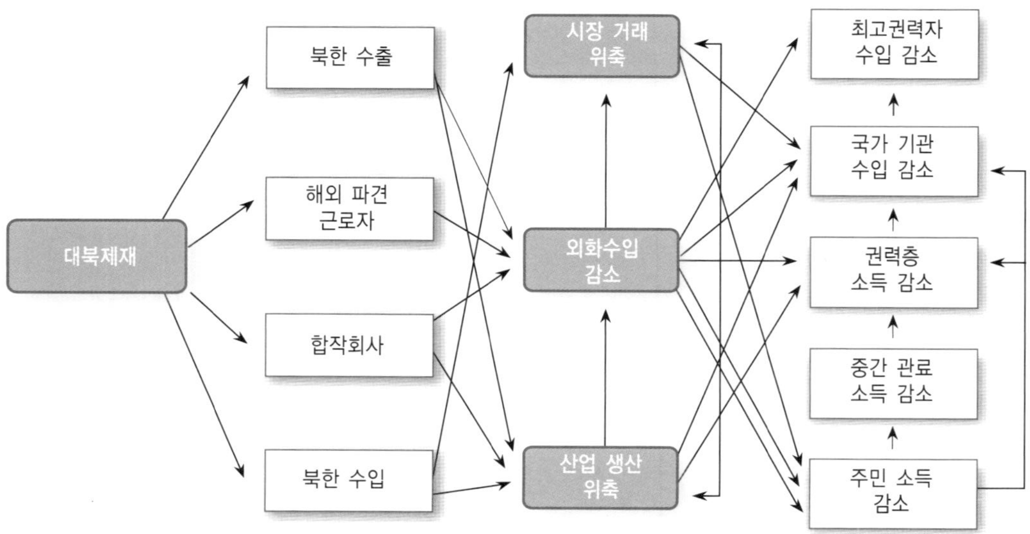

자료: 정형곤 외(2018: 44).

이처럼 북한의 수출, 수입, 해외 노동자 파견, 합작사업 등에 대해 가해진 대북제재는 그림 9와 같은 여러 경로를 통해 북한경제에 전방위적으로 영향을 미칠 수 있다. 수출 감소, 해외 노동자 파견 감소 등은 외화수입 감소로 이어지며, 수출 및 수입 감소, 합작사업 중단은 산업 생산을 위축시킬 수 있다. 또 수입 감소로 인해 시장거래가 위축될 수 있다. 그리고 이러한 변화는 결국 주민뿐만 아니라, 중간 관료, 권력층, 국가기관에서 최고권력자에 이르기까지 북한 내 모든 계층의 경제적 편익 감소로 이어질 수 있다.

영향

그렇다면 실제로 대북제재는 북한경제에 심각한 영향을 미치고 있을까. 그림 9를 참고하여, 대북제재의 영향을 산업 생산 위축, 외화 감소, 시장 거래 위축, 이렇게 세 가지 측면으로 나누어 살펴본다. 먼저 산업 생산 위축부터 보자.

그림 10은 한국은행이 추정한 2014년 이후 북한의 경제성장률을 나타낸 것이다. 북한경제는 2016년

| 그림 10 | **북한의 경제성장률, 2014~2021**

(단위: %)

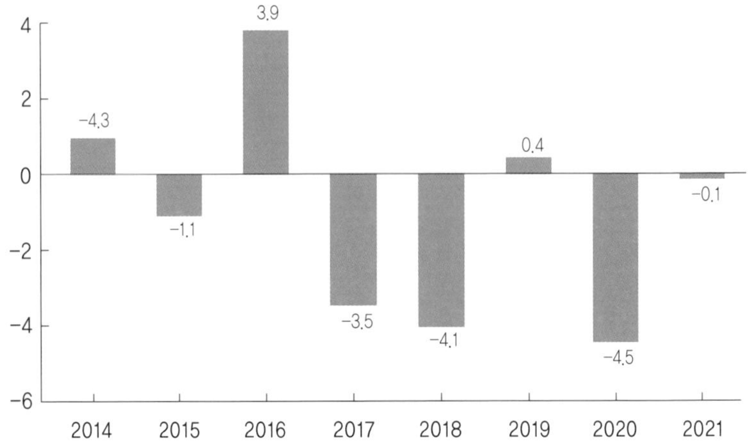

자료: 한국은행.

3.9% 성장하였으나, 2017년부터는 줄곧 마이너스 성장을 해 온 것으로 나타난다. 제재 강화 조치가 2016년부터 이루어지기는 하였지만, 실제 제재의 영향은 2017년부터 본격적으로 나타난 것이다. 이는 앞서 설명한 것처럼, 2016년 초 이루어진 수출에 대해 제재는 예외 조항으로 인해 실효성이 떨어졌던 데에 기인한 것으로 볼 수 있다.

이처럼 2017년 이후 줄곧 마이너스 성장을 한 결과, 2020년 북한의 실질 국내총생산 규모는 4년

전인 2016년과 비교해 11.4% 감소하였다. 경제 규모가 줄어드는 추세를 보이고 있다는 점에서 북한경제가 어려운 상황에 놓여 있음은 분명해 보인다. 다만 여기에는 2020년 코로나로 인해 북한 당국이 국경 봉쇄 조치를 단행한 데 따른 영향도 포함되어 있다는 점을 고려하면, 또 제재가 전방위적으로 이루어졌음을 고려하면, 제재 강화가 산업 생산에 미친 영향은 예상보다 적었다고도 볼 수 있다.

제재 강화가 산업 생산에 미친 영향이 예상보다 적었던 이유는 무엇일까. 그림 11은 북한의 무역 규모가 가장 컸던 2010년대 초반 이후 연도별 수출입 규모의 추이를 나타낸 것이다. 수출은 2017년부터 빠르게 감소하여, 2018년 이후에는 예년의 10% 이하 수준에 그치고 있다.

반면 수입은 2018년부터 감소하였는데, 국경 봉쇄가 이루어지기 이전인 2018~2019년에는 예년의 2/3 수준을 유지한 것으로 나타난다. 수입 금지의 주 대상이 된 자본재의 수입은 급감하였지만, 1차 산품, 중간재, 소비재 등의 수입은 예년 수준으로 이루어졌기 때문이다. 그 결과 2018~2019년 산업 생산의 감소폭은 예상보다 줄어들 수 있었다. 산업 생산과

| 그림 11 | **북한의 연도별 수출입 규모, 2013~2021**

(단위: 억 달러)

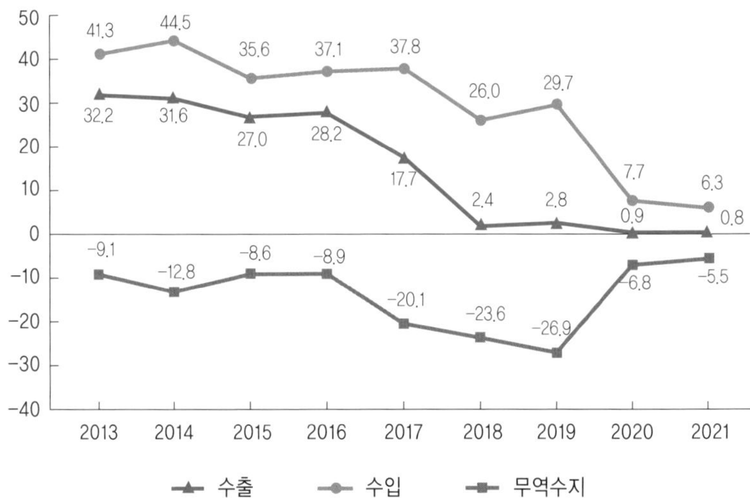

자료: 국가통계포털.

관련이 큰 1차 산품, 중간재 수입이 지속된 데다, 자본재 수입 감소의 영향은 단기적으로는 크게 나타나지 않기 때문이었다. 따라서 2019년까지의 산업 생산 악화는 수입보다는 수출 부문의 위축에 기인한다고 볼 수 있다.

그런데 수입 규모는 2020년 국경 봉쇄로 인해 예년의 20% 이하 수준으로 다시 감소하였다. 제재 강화 직후보다 더 큰 폭으로 수입이 줄어든 것이다. 더

욱이 자본재뿐만 아니라 1차 산품, 중간재의 수입도 크게 줄어들었는데, 이는 산업 생산에 부정적 영향을 미쳤다. 반면 수출의 경우, 이미 예년의 1/10 이하 수준으로 줄어들어 있었으므로, 국경 봉쇄 이후 감소하기는 하였지만 그 영향은 그리 크지 않았다. 따라서 2020년 마이너스 성장(−4.5%)을 기록한 데는 수출보다는 수입 규모 감소의 영향이 훨씬 컸던 것으로 판단된다.

이번에는 외화 감소 문제에 대해 살펴본다. 가장 주목할 부분은 2017년 이후 무역적자가 크게 확대되었다는 점이다. 그림 11을 보면, 10억 달러 내외 수준이던 무역적자는 2017년 20억 달러를 넘어섰으며, 2019년에는 27억 달러에 육박하고 있다. 이후 국경 봉쇄로 인해 수입이 급감하면서 무역적자는 다시 예년 수준으로 감소하였지만, 무역적자 확대로 인해 몇 년 사이 북한 외환보유 규모는 크게 줄어든 것으로 보인다. 게다가 해외 노동자 파견이 단계적으로 감소하다가 2020년 이후 공식적으로 중단된 것도 외환보유고 감소 문제를 심화시키는 요인이 되고 있을 것으로 보인다.

북한은 이러한 문제를 해결하기 위해 여러 형태

로 제재를 회피해 외화벌이에 나서고 있다. 유엔 안보리 산하 대북제재위원회가 매년 발간하는 전문가 패널 보고서를 보면, 북한은 석탄 밀수출, 어업권 판매, 해외 금융기관에 대한 사이버 공격 등 다양한 형태의 불법 행위를 통해 외화를 벌어들이고 있는 것으로 추정된다. 하지만 이러한 불법 행위를 통해 무역적자 급증 및 해외 노동자 송금 중단에 따른 외환보유고 감소 문제를 충분히 해소할 만큼의 외화를 벌어들이고 있을 가능성은 높지 않다.

마지막으로 제재 이후 시장 부문의 위축 여부에 대해 살펴보자. 제재로 인해 시장 부문이 위축될 것으로 예상한 가장 큰 이유는 비록 소비재 대부분이 제재 대상이 아니지만, 무역적자 확대를 막기 위해 북한 당국이 소비재 수입 규모를 제한할 것으로 판단하였기 때문이다. 북한 시장에서 수입품, 특히 중국산 수입품이 차지하는 비중이 꽤 높았으므로, 소비재 수입 감소가 시장 거래를 전반적으로 위축시킬 가능성은 충분하였다.

그런데 앞서 언급한 것처럼, 제재 강화 이후 북한의 소비재 수입 규모는 예년과 크게 다르지 않았다. 그림 12는 북한 수입의 대부분을 차지하는 중국

| 그림 12 | 북한의 대중 소비재 수입, 2015~2019

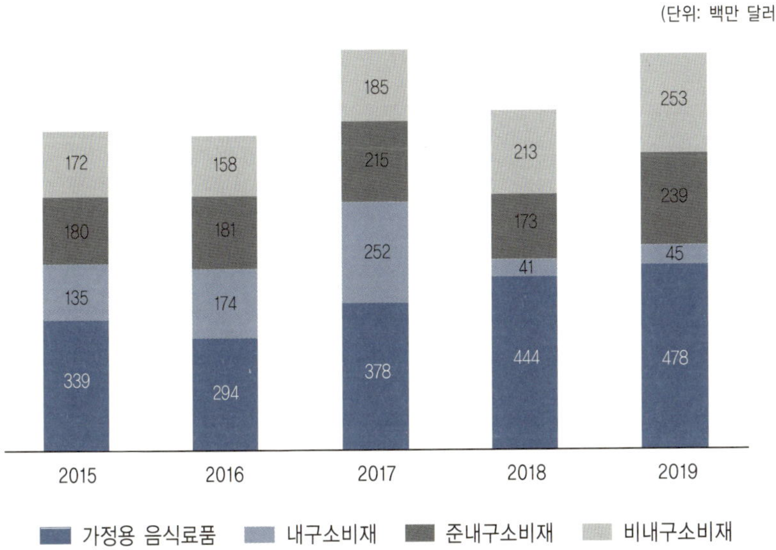

자료: UN Comtrade database.

으로부터의 수입 중에서 소비재 수입액만 상품 특성을 기준으로 분류하여 제시해 놓은 것이다. 내구소비재는 제재 대상인 가전제품 등의 수입이 급감한 결과, 2018년 이후 예년에 비해 크게 줄어들었다. 반면 가정용 음식료품, 준내구소비재, 비내구소비재의 경우, 제재 강화 이후에도 수입 규모가 예년과 비슷하거나 오히려 증가한 것으로 나타나고 있다. 즉, 제재 강화 이후에도 일부 품목을 제외하면 소비재 수입은 거의 정상적으로 이루어진 것으로 보인다. 따라서 제재 강화 이후 수입 소비재 감소에 따른 시장 부문의 위축 현상은 심각하게 나타나지 않았을 가능성이 높다. 참고로 시장 부문이 위축되는 양상은 2020년 국경 봉쇄 이후 나타났다. 국경 봉쇄 이후에는 소비재 수입도 급감한 데다 이동에 대한 통제가 강화되는 등 주민들의 시장 활동에도 제약이 가해진 결과이다.

정리하면, 대북제재 강화로 북한의 산업 생산이 감소하고 외환 보유 규모가 줄어들며, 시장 부문이 위축되는 양상이 나타나기는 하였지만, 외환 보유 감소를 제외하면 제재의 충격은 예상만큼 심각하지는 않았다고 할 수 있다. 이는 북한 당국이 경제의 급격한 위축을 피하고자, 외환보유고가 감소하는 것을 감수하면서 중간재와 소비재 수입을 제한하지 않아, 국경 봉쇄 이전까지 중간재와 소비재 수입이 예년 수준으로 이루어진 결과로 볼 수 있다.

문제는 북한 당국이 이러한 정책 기조를 장기간 지속적으로 가져갈 수는 없었다는 데 있다. 북한은 외환보유고가 그리 넉넉하지 않아, 대규모 무역적자가 발생하는 상황을 장기간 버텨 내기 어려울 것으로 판단되기 때문이다. 코로나 사태로 인해 북한이 국경 봉쇄에 나서면서 상황이 달라지긴 하였지만, 설령 코로나 사태가 없었다고 해도 북한의 수입은 감소 추세를 보일 수밖에 없었을 것이며, 그로 인해 산업 생산이 감소하고, 시장 부문이 위축되는 양상은 더욱 심화되었을 것이다.

이러한 점을 고려하면, 제재 강화 직후인 2018~2019년 북한경제가 예상보다 괜찮았다는 점을 근거로 제재 효과를 부정적으로 평가하는 것은 섣부르다고 판단되며, 보다 중장기적인 관점에서 효과 여부를 평가하는 것이 적절하다고 생각된다.

나가며

해방 직후 북한은 사회주의 계획경제 체제 구축과 경제발전을 동시에 추구하였다. 초반에는 두 마리의 토끼를 모두 잡는 듯하였다. 하지만 그러한 상황은 오래 지속되지 못하였고, 경제는 장기 침체에 빠져들었다. 그리고 70여 년이 지난 오늘날, 북한은 사회주의 계획경제 체제 구축과 경제발전이라는 두 마리의 토끼를 모두 놓친 듯하다. 경제는 침체의 늪에서 좀처럼 헤어나지 못해 세계에서 소득 수준이 가장 낮은 국가 중 하나로 전락하였으며, 사회주의 계획경제 체제 역시 겉으로는 고수하고 있지만 제 기능을 잃고 형해화된 지 오래다. 북한 당국은 이러한 현실을 어느 정도 인정해 부분적인 변화를 모색하기도 하였지만, 변화의 폭이 너무 적었던 탓에 성과는 제한적이었다. 더군다나 최근에는 제재 강화, 국경 봉쇄 등으로 인해 경제적 어려움이 커지자 경제에 대한 통제와 관리를 강화하며 변화에 대해 다시 소극적인 모습을 보이고 있다.

앞으로는 어떠할까. 경제발전을 이루기 위해 북한경제가 나아가야 할 방향은 자명하다. 북한 당국은 개혁과 개방을 통해 경제의 효율성을 높이고, 외자를 적극 유치하며, 주민들이 경제 활동에 적극적으로 참여할 유인을 더 과감하게 제공해 주어야 한다. 관건은 북한 정권이 이러한 변화를 시도할 의지를 지니고 있느냐 여부이다. 김정은 정권이 변화에 적극 나설 가능성이 있을까.

전망은 그리 낙관적이지 않다. 일단 북핵 문제로 인해 악화된 대외 여건이 단기간 내에 극적으로 개선되기는 힘들어 보인다. 게다가 김정은 정권 초기 과거보다 개혁과 개방에 적극적인 자세를 취하기는 하였지만, 중국·베트남 등의 사례와 비교해 보면 속도와 범위 모두에서 미흡한 부분이 많았다. 앞으로 북한이 다시 개혁과 개방에 나선다고 해도 이러한 양상이 되풀이될 가능성이 높다.

하지만 상황은 얼마든지 달라질 수 있다. 북미관계 개선 등을 통해 대외 관계가 달라지고, 정권 유지를 위협하는 대내외적 요인이 충분히 해소되었다고 판단하면, 북한 정권이 보다 적극적이고 전향적인 자세를 보일 가능성도 완전히 배제할 수 없기 때문이다.

북한은 자원이 풍부할 뿐만 아니라, 양질의 노동력도 지니고 있다. 주변에 한국, 중국, 일본 등 경제규모가 큰 국가들이 있다는 것도 경제발전에 도움이 될 수 있다. 따라서 북한이 변화의 길로 들어선다면, ‘한강의 기적[•]’에 버금가는 ‘대동강의 기적’을 일으킬 여지도 충분하다. 북한 정권이 지난 70여 년간의 실패를 반면교사 삼아 변화의 길에 보다 적극적으로 들어서는 날이 오기를 기대해 본다.

한강의 기적: 한국전쟁 이후 한국이 이루어낸 급격한 경제발전을 지칭하는 말.

참고문헌

김낙년·박기주·박이택·차명수 편(2018), 『한국의 장기통계 Ⅱ』, 도서출판 해남.

김석진(2002), 「북한경제의 성장과 위기: 실적과 전망」, 서울대학교 경제학 박사 학위논문.

______(2014), 「북한의 장기 경제성장 실적 재평가」, 양문수 편, 『김정은 시대의 경제와 사회 - 국가와 시장의 새로운 관계』, 한울아카데미, 155~182.

______(2015), 「해방 이후 북한 경제체제와 경제 실적 종합평가」, 『수은 북한경제』 봄호, 1~26.

______(2019), 「최근 북한경제 연구 현황과 과제」, 『통일과 평화』 제11집 제1호, 33~78.

______(2021), 「북한의 제재 회피 실태와 그 경제적 의미」, KINU 온라인시리즈 2021-12.

김석진·홍제환(2019), 『국제 비교를 통해 본 북한의 생활수준』, 통일연구원.

김영훈 외(2013), 『북한의 농업부문 개혁조치 분석과 전망(1996~2012)』, 한국농촌경제연구원.

남진욱(2013), 「2013년 상반기 북한경제동향 관련 통계자료」, 『KDI 북한경제리뷰』 7월호, 67~88.

______(2014), 「최근 북한 무역 및 시장 관련 통계자료」, 『KDI 북한경제리뷰』 5월호, 78~98.

IBK 경제연구소(2021), 『남북한 경제용어 비교 사전』, 기획재정부.

안문석(2016), 『북한 현대사 산책』 1~5권, 인물과사상사.

양문수(2001), 『북한경제의 구조 - 경제개발과 침체의 메커니즘』, 서울대학교출판부.

______(2015), 「북한의 경제발전전략 70년의 회고와 향후 전망」, 『통일정책연구』 제24권 제2호, 33~66.
______(2010), 『북한경제의 시장화 – 양태·성격·메커니즘·함의』, 한울아카데미.
______(2018), 「북한 시장화에 대한 경제사 및 정책사적 접근」, 홍민 외, 『북한 변화 실태 연구: 시장화 종합 분석』, 통일연구원, 71~110.
양문수·윤인주(2016), 「북한 기업의 사실상의 사유화」, 『통일연구』 제20권 제2호, 45~88.
이 석(2004), 『1994~2000년 북한기근: 발생, 충격 그리고 특징』, 통일연구원.
이석기(2003), 『북한의 기업관리체계 및 기업행동양식 변화 연구』, 산업연구원.
정형곤 외(2018), 『비핵화에 따른 대북경제제재 해제: 분석과 시사점』, 대외경제정책연구원.
조태형·김민정(2020), 「북한의 장기 경제성장률 추정: 1956~1989년」, BOK 경제연구 2020-17호.
조한범 외(2016), 『북한에서 사적경제활동이 공적경제부문에 미치는 영향 분석』, 통일연구원.
홍제환(2016), 「북한 기업지배의 역사와 성격」, 박영자 외, 『북한 기업의 운영실태 및 지배구조』, 통일연구원, 19~66.
______(2017), 『김정은 정권 5년의 북한경제: 경제정책을 중심으로』, 통일연구원.
홍제환·김석진(2021), 『김정은 시대 북한경제: 경제정책, 대외무역, 주민생활』, 통일연구원.
홍제환·김석진·정은미(2018), 『북한 민생 실태 및 협력 방안』, 통일연구원.

국가통계포털.
한국은행.
Groningen Growth Development Centre.
UN Comtrade database.
UN World Population Prospect.

추천도서

김규철(2020), 『새로운 데이터로 추정한 북한의 소득과 후생의 장기추세: 1인당 GDP 추정을 중심으로』, 한국개발연구원.

김병연·양문수(2012), 『북한 경제에서의 시장과 정부』, 서울대학교출판문화원.

김석진·양문수(2014), 『북한 비공식 경제 성장요인 연구』, 통일연구원.

리춘르 저, 성균관대학교 성균중국연구소 역(2022), 『김정은 시대 북한경제』, 도서출판 선인.

문성희 저, 이용화 역(2019), 『맥주와 대포동 – 경제로 읽어낸 북한』, 논형.

안문석(2020), 『북한 민중사』, 일조각.

이 석 외(2014), 『북한경제의 분야별 현안 분석과 대북정책에의 시사점』, 한국개발연구원.

______(2017), 『북한경제의 변화와 남북한 경제통합 분석』, 한국개발연구원.

______(2021), 『대북제재의 영향력과 북한의 경제적 미래』, 한국개발연구원.

이석기 외(2017), 『북한의 서비스산업』, 산업연구원.

______(2018a), 『김정은 시대 북한 경제개혁 연구 – '우리식 경제관리방법'을 중심으로』, 산업연구원.

______(2018b), 『김정은 시대 북한의 산업 및 산업정책』, 산업연구원.

이종규(2019), 『북한의 경제사회지표 분석: 복합지표조사(MICS)를 중심으로』, 한국개발연구원.

주성하(2018), 『평양 자본주의 백과전서』, 북돋움.

한국은행(2014), 『통계를 이용한 북한 경제 이해』, 한국은행.

헤이즐 스미스 저, 김재오 역(2017), 『장마당과 선군정치』, 창비.

홍 민 외(2016), 『북한 전국 시장 정보: 공식시장 현황을 중심으로』, 통일연구원.

Kim, Byung-Yeon(2017), *Unveiling the North Korean Economy: Collapse and Transition*, Cambridge University Press.

추천 사이트

데일리엔케이(www.dailynk.com).
통계청 북한통계포털(kosis.kr/bukhan/index.jsp).
통일부(unikorea.go.kr).
통일부 북한자료센터(unibook.unikorea.go.kr).
통일부 북한정보포털(nkinfo.unikorea.go.kr).
통일연구원(kinu.or.kr).
한국은행 북한경제자료(bok.or.kr).

찾아보기

[ㄱ]
가격 메커니즘 • 29
가격제정권 • 62
개발도상국 • 85
개성공단 • 81
개성공업지구 • 81
경제개발구 • 82
경제개혁 • 3, 36, 56, 63
경제관리 개선조치 • 61
경제관리체계 • 33, 36
경제발전 • 1, 11, 105
경제성장률 • 21, 39, 53, 55, 95
경제위기 • 1, 2, 36, 39, 50, 53, 56, 65, 83, 84
경제적 유인 • 29, 30
경제특구 • 81
계획 외 부문 • 61
계획의 일원화·세부화 • 16, 18, 32
국가납부금 • 62
국경 봉쇄 • 97, 99, 102, 105
국영경제 • 54, 55
국영기업 • 54
국유화 • 13
국정가격 • 46, 48, 58, 59
국제재산지수 • 85
군사비 • 30
금강산 관광 사업 • 81
금강산관광지구 • 81
금융 시장 • 49, 66, 73
기본돈자리 • 61
기업소 • 13, 17, 33, 39, 56, 57, 61, 64, 68, 69, 71
기업소 지표 • 61
김일성 • 16, 42
김정은 • 61, 63, 69, 72, 73, 76, 79, 81, 106
김정일 • 34, 42

[ㄴ]
나진·선봉 경제특구 • 81
남한 • 7, 22, 81
내구소비재 • 79, 85, 101
내포적 성장 • 25
냉장고 • 80
노동 시장 • 49, 66, 73
노동자 • 68
노력조절권 • 62
농민시장 • 49, 65, 67
농업협동화 • 14

[ㄷ]
달러라이제이션 • 68
당비서 • 17, 57
대동강의 기적 • 107
대북제재 • 1, 3, 82, 91, 95, 102
대북제재위원회 • 100
대안의 사업체계 • 16
대안전기공장 • 17
대약진 운동 • 26
대외경제 관계 • 3, 56, 75
대중 운동 • 26, 30
도경제위원회 • 33
독립채산제 • 34, 60
돈주 • 62, 67, 69
동유럽 • 27

[ㅁ]
만성영양부족 비율 • 84
맞춤형 제재 • 91
매디슨 역사통계 • 22
무역 • 41, 74
무역수지 • 78
무역적자 • 75, 99, 100
무연탄 • 55, 77
무임승차 • 46
물가 • 68
밀수출 • 100

[ㅂ]
반짝 성장 • 24, 25, 28
배급량 • 44
배급제 • 39, 42
배달업 • 70
베트남 • 32, 106
부동산 중개업자 • 70
북한경제 • 1, 22, 24, 25, 28, 30, 32, 39, 50, 53, 56, 58, 74, 78, 83, 91, 95, 106
북한 이탈 주민 • 71
분권화 • 33, 58, 76
비공식 경제 • 54, 63
비내구소비재 • 80, 101

[ㅅ]
사경제 • 3, 56, 65, 66, 67, 68, 71, 72, 74
사금융 시장 • 67, 73
사기업 • 65
사이버 공격 • 100
사회주의 경제 체제 • 29, 30, 32
사회주의 계획경제 체제 • 1, 11, 12, 15, 25, 41, 56, 64, 105
사회주의 국가 • 25, 27, 28, 30, 32, 41, 75, 86
사회주의기업책임관리제 • 61
사회주의 모자 • 71
사회주의 물자교류시장 • 65
사회주의적 소유 • 12, 15
상수도 공급 • 85
새로운 공업관리체계 • 33

새로운 분조관리제 • 46, 48
생산수단의 사적 소유 • 13, 32, 64
생산요소 • 25, 30, 57, 66
생산재 시장 • 49, 65
생활 수준 • 86
생활필수품 • 34
서비스 시장 • 69
석탄 • 10, 31, 77, 91, 100
석탄 수출 • 77, 78
석탄화학 • 31
섬유제품 • 93
세계은행 • 83
소겨리반 • 13
소득 수준 • 7, 8, 10, 23, 83, 86, 105
소련 • 26, 27, 32, 36
소비재 • 79, 97, 100, 102
소비재 시장 • 49, 65
수입 • 75, 91, 97
수출 • 75, 77, 91, 97
스타하노프 운동 • 26
시장 • 49, 57, 60, 63, 65, 100
시장 메커니즘 • 49, 65
시장가격 • 48, 59, 75
시장경제 • 1
시장화 • 3, 48, 49, 50, 56, 58, 65, 67, 73, 74, 80
식량난 • 45
식량 배급 • 27, 43, 44
식량위기 • 43, 46, 47
신의주 특별행정구 • 81
실질 GDP • 53

[ㅇ]

아사 • 2, 43, 47
암시장 • 60, 65
애국미 • 43
양빈 • 81
어업권 판매 • 78, 100
에버슈타트(Eberstadt) • 47
연합기업소 • 33
영유아 영양 상태 • 83
외연적 성장 • 25, 28
외자 유치 • 80
외화벌이 • 93, 99
외환보유고 • 99, 102
우리식 경제관리방법 • 61
원산-금강산국제관광지대 투자설명회 • 82
원유 • 93
원조 • 27, 78
위탁가공 • 77
유엔 인노리 • 91
유일관리제 • 17
유일적 자금공급체계 • 17, 39
음식료품 • 80, 101
의류 수출 • 77
이윤 유보 • 34
인구센서스 • 47
인센티브 • 46, 58, 60
인프라 • 35
1인당 소득 수준 • 22
1인당 소득증가율 • 21
1인당 실질 GDP • 7, 53
1차 산품 • 97

임노동 • 73
임노동자 • 66

[ㅈ]
자력갱생 • 35
자립경제 • 30, 31, 41, 45
자본재 • 93, 97
자연재해 • 45
자원 배분의 효율성 • 29, 74
자유화 • 76
자율성 • 33, 57, 58, 60, 61, 63, 64
장기 침체 • 2, 28, 32, 105
장마당 • 57
장성택 • 82
저소득 국가 • 83, 86
전기 • 85
전문가 패널 보고서 • 100
전후복구기 • 25
정유제품 • 93
조선질소비료주식회사 • 8
조총련계 • 35
종합시장 • 65, 67, 69
주거 환경 • 85
주민유휴화폐자금 • 62
준내구소비재 • 80, 101
중간재 • 97, 102
중국 • 26, 27, 32, 36, 64, 77, 81, 100, 106
중앙집권적 계획경제 • 12, 15, 16, 32, 64
중앙집중적 자재공급체계 • 17, 39
중화학공업 • 10
지배인 • 17, 57
직접투자 • 35
집단농장 • 46

[ㅊ]
천리마 운동 • 26
철 • 91
철광석 • 10, 91
체제전환 • 42
초과 사망자 • 47
총생산액 목표 • 57
7.1 경제관리개선조치 • 58, 59, 60, 63, 65, 81

[ㅋ]
컬러TV • 80
코로나 • 97, 102

[ㅌ]
택시 • 71
텃밭 경작 • 44
텅스텐 • 10
토지개혁 • 12
통일연구원 • 69

[ㅍ]
8.3 노동자 • 66, 68
8.3 인민소비품 • 34
평양 • 70

포괄적 제재 • 91

[ㅎ]
하루 두 끼 먹기 운동 • 44
한강의 기적 • 107
한국은행 • 7, 39, 53, 95
한국전쟁 • 14, 23, 26
한미연구소 • 69
합영법 • 35
합작사업 • 91, 93
합작투자 • 35
해외 노동자 파견 • 78, 91, 93, 99
핵실험 • 81
현금돈자리 • 61
협동농장 • 14, 42, 48, 54
협동화 • 15
협정무역 • 41, 75
호시무역 • 78
화폐개혁 • 67, 69
환율 • 68
황금평·위화도 경제지대 • 82
휴대전화 • 73, 80